Umschlagmotiv: Blick über die Karlsbrücke auf den Hradschin

Herausgeber: Polyglott-Redaktion
Autor: Werner Jakobsmeier
Lektorat: Ilse Müller-von Werder
Art Direction: Illustration & Graphik Forster GmbH, Hamburg
Karten und Pläne: Cordula Mann nach Entwürfen von Sybille Rachfall
Titeldesign-Konzept: V. Barl

Ergänzende Anregungen, für die wir jederzeit dankbar sind, bitten wir zu richten an:
Polyglott-Verlag, Redaktion, Postfach 40 11 20, D-80711 München.

Alle Angaben wurden sorgfältig geprüft. Dennoch kann eine Gewähr für Vollständigkeit und Richtigkeit nicht übernommen werden.

Zeichenerklärung

- ☎ Telefon
- Ⓜ Metro
- ⌂ Hotels
- ⑤⟩⟩ Luxushotels, ab 250 DM
- ⑤⟩ Mittlere Preisklasse, 150–250 DM
- ⑤ Niedrigste Preisklasse, 80–150 DM
  Die Preise gelten jeweils pro Person im Doppelzimmer mit Frühstück.
- ⌂ Restaurants
- ⑤⟩⟩ Gourmetlokale, Menü bis 1000 Kronen
- ⑤⟩ Mittlere bis gehobene Preisklasse, Menü 300–800 Kronen
- ⑤ Niedrigste Preisklasse, Menü unter 300 Kronen
  Alle Preisangaben ohne Getränke.

Kartenlegende

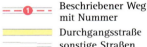

Beschriebener Weg mit Nummer
Durchgangsstraße
sonstige Straßen
Fußgängerzone
Fußweg

Komplett aktualisierte Auflage 1996

Redaktionsschluß: Dezember 1995
© 1995 by Polyglott-Verlag Dr. Bolte KG, München
Printed in Germany/II.
Gedruckt auf chlorfrei gebleichtem Papier
ISBN 3-493-62771-8

Polyglott-Reiseführer

Prag

Werner Jakobsmeier

Polyglott-Verlag München

Allgemeines

Editorial	S. 7
Die unvollendete Metropole	S. 8
Geschichte im Überblick	S. 15
Kultur gestern und heute	S. 18
Unterkunft – Wie man sich bettet	S. 24
Knödel und Bier – noch immer ungeschlagen	S. 26
In Prag sind die Nächte lang	S. 31
Einkaufsspaß in Prag	S. 33
Reisewege und Verkehrsmittel	S. 36
Praktische Hinweise von A–Z	S. 92
Register	S. 95

Wege durch Prag und Ausflüge

Weg 1

Mit der Straßenbahn durch die Jahrhunderte S. 38

Im Mittelpunkt dieses Weges vom Wenzelsplatz zum Hradschin steht natürlich das größte geschlossene Burgensemble der Welt.

Weg 2

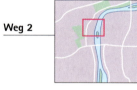

Barockpaläste und Armutsidylle S. 54

Die Karlsbrücke und die Kleinseite mit den barocken Prachtbauten reicher Adeliger lohnen ebenfalls allein schon die Reise in die tschechische Metropole.

Weg 3

Auf Kaisers und Kafkas Spuren durch die Altstadt S. 62

Bis heute sind die Gassen um das altehrwürdige Altstädter Rathaus das lebendigste aller Prager Viertel geblieben.

Weg 4

Im Reich des Golems S. 72

Die alte Judenstadt, wo die Nationalsozialisten das „Museum einer ausgerotteten ethnischen Gruppe" planten, ist das Herzstück des liebenswerten alten Prag.

4 Polyglott

Wege durch Prag und Ausflüge

Weg 5

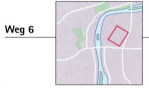

Nobelmeile mit Kehrseite S. 78

Zwei Gesichter hat der Prachtboulevard Wenzelsplatz: Tagsüber ein nobles Shoppingzentrum, wird er nachts zum Ort eines pulsierenden Nachtlebens.

Weg 6

Vom Jugendstil zum Mittelalter S. 82

Hier ist ein Bummel durch die auch schon 600 Jahre alte Neustadt angesagt, mit Neustädter Rathaus und – gleich um die Ecke – Prags berühmtester Bierkneipe U Fleků.

Weg 7

Blick in Libušes Badezimmer S. 85

Und zum Schluß geht es auf den Vyšehrad, den Stammsitz der sagenumwobenen Stadtgründerin, der heute ein nationaler Wallfahrtsort ist.

Ausflüge

Kaiserburgen und Königsstädte S. 90

Karlstein ist die berühmteste böhmische Burg. Wie wär's aber auch einmal mit der Weinstadt Mělník oder dem Erholungsgebiet um die Talsperre Slapy?

Bildnachweis

Alle Fotos APA Publications/Mark Read außer Archiv für Kunst und Geschichte: 17/1, 17/3, 21/1, 85/3. A. M. Begsteiger: 15/1, 49/1, 53/1, 53/3, 55/3. Dietlind Castor: 15/3, 79. Bernd F. Gruschwitz: 6, 13/3, 23/1, 29/2–3, 31/1–2, 33/2, 35, 39/1, 55/1, 59/4, 61/3, 75/2, 91/1–3. J. Hampejs: 7/1, 11, 25/1–2, 37/2, 55/2, 59/1, 81/1, 81/3, 83/2, 91/4. H. Hardt: 9/2, 15/2, 31/4, 37/1, 37/3. Gregor M. Schmid: 1, 9/1, 21/3. Hans Horst Skupy: 61/1–2, 65/1, 65/3, 67/3, 71/1, 77/1. Umschlag: Transglobe Agency/ISEPL (Bild), Bernd Ducke/Superbild (Flagge).

Fremde Kulturen kennenlernen und gastfreundlichen Menschen begegnen – wie sehr genießen wir das auf Reisen. Zu Hause bei uns jedoch wird mancher Ausländer von einer kleinen Minderheit beschimpft, bedroht und sogar mißhandelt. Alle, die in fremden Ländern Gastrecht genossen haben, tragen hier besondere Verantwortung. Deshalb: Lassen Sie es nicht zu, daß Ausländer diffamiert und angegriffen werden. Lassen Sie uns gemeinsam für die Würde des Menschen einstehen.

Verlagsleitung und Mitarbeiter des Polyglott-Verlages

Editorial

„Goldene Stadt" – „Caput regni" – „Herz Europas" – „Stadt der hundert Türme" ... An hymnischen Huldigungen hat es der in allem so reich gesegneten Stadt selbst in ihren schlechtesten Tagen nie gemangelt. Seit der „Samtenen Revolution" von 1989 wiedererweckt wurde, scheint die Stadt mit ihrer rasanten Geschäftigkeit dem alten Glanz noch etliche neue Lichter aufsetzen zu wollen. Prag ist „in". So viele Hotels, so viele neue Bettenburgen wie in der Saison gebraucht werden, können gar nicht gebaut werden. Und Saison ist in Prag inzwischen das ganze Jahr über. Die Prager haben schnell gelernt, was sie Besuchern aus aller Welt schuldig sind. Beherrschte früher das Musikfestival „Prager Frühling" den Kulturkalender, so sind inzwischen ein „Prager Winter" und ein ähnlicher „Sommer" hinzugekommen.

Nostalgiker werden sicher den Zeiten nachtrauern, als man sich dem Studium der Sehenswürdigkeiten noch fast ungestört in Ruhe hingeben konnte. Heute wälzt sich ein nicht abreißender Menschenstrom durch das historische Stadtzentrum, der einen mitreißt – ob man will oder nicht. An einem schönen Wochenende erlebt die ehrwürdige Karlsbrücke den permanenten Belagerungszustand. Nicht einmal nachts findet sie Ruhe. Dann wird sie zur größten Partyzone der Stadt, in der ein buntes Völkchen aus aller Herren Länder bis in die Morgenstunden „durchfeiert". Und dennoch: Wer offenen Auges auf Entdeckungstour geht, der kann abseits der klassischen Touristenpfade durchaus noch stille, idyllische Ecken finden und ein Stück gemächlichen Prager Alltag erleben.

Der Autor

Werner Jakobsmeier Dr. theol., studierte in Wuppertal, Prag und München; lebt und arbeitet seit mehr als zwanzig Jahren in der bayerischen Landeshauptstadt als freier Journalist; publizierte Artikel, Aufsätze und Bücher zu Themen der böhmischen Geschichte sowie Reiseliteratur.

Die unvollendete Metropole

Schönheit, so sagt man, entfalte ihre volle Wirkung erst im Kontrast. Prag scheint dies aus jedem Blickwinkel erneut bestätigen zu wollen – hier die ausgewogenen Proportionen eines historischen Palastes, dort ein rostiges Baugerüst; hier der elegante Schwung einer Jugendstilfassade, dort ein aufgerissener Bürgersteig; hier ein kunstvoll verschnörkeltes Rokoko-Ornament; dort eine elektrische Leitung, die im Nichts endet.

Prag ist niemals fertig geworden – und wird es wohl auch nie werden. Die großen Baumeister in der Prager Geschichte, von Karl IV. über die Habsburger mit ihren machtpolitischen Visionen bis hin zu den modernen Architekten, haben immer nur städtebauliche Akzente setzen können, wirklich gewachsen aber ist diese Stadt ganz aus sich heraus. Wer durch die Altstadtstraßen schlendert, bekommt den Eindruck, daß die Bauherren den rechten Winkel noch nicht gekannt haben können.

Von der Burgrampe, dem wohl meistbesuchten Aussichtspunkt des Landes, hat man einen überwältigenden Blick auf den historischen Stadtkern mit den sich an das Moldauknie schmiegenden fünf Stadtteilen Hradschin, Kleinseite, Altstadt, Josephstadt und Neustadt. Sie wurden 1784 zu einer Gesamtstadt zusammengefaßt. Das heutige Groß-Prag ist erst 1922 durch Eingemeindung zahlreicher Vororte entstanden. 1968 und 1974 wurden ihm weitere Randgebiete angegliedert.

Die gesamte Innenstadt steht heute unter Denkmalschutz. Da Prag rein äußerlich von den beiden Weltkriegen kaum in Mitleidenschaft gezogen wurde, ist die historische Bausubstanz nahezu völlig erhalten. Schon in den dreißiger Jahren wurde ein Errichtungsverbot für Hochhäuser erlassen. Große Betonbauten, die seit der sozialistischen Ära die Silhouette „bereichern", liegen glücklicherweise außerhalb des historischen Stadtbezirks. Wer allerdings wissen möchte, wie man sich im Sozialismus „modernes Wohnen" vorstellte, der fahre in eine der tristen Trabantensiedlungen an der Peripherie, deren Wohnblocks in Plattenbauweise sich wie ein Ei dem anderen gleichen.

Das neue Prag – damit sind auch die Schattenseiten einer modernen Großstadt gemeint: wachsende soziale Spannungen, steigende Kriminalitätsraten, ein üppig wucherndes Nachtleben, das die noch ans betuliche sozialistische Amüsement gewöhnten Ordnungshüter vor immer neue Probleme stellt. Doch auch diese Seite der Stadt ist nicht eigentlich neu, hat sie doch schon Egon Erwin Kisch, der als „rasender Reporter" bekanntgewordene Zeitgenosse Kafkas, in seinen zahlreichen sozialkritischen Artikeln in der Zwischenkriegszeit nachgezeichnet.

Die Prager haben über die Jahrhunderte mit diesem widersprüchlichen Wesen ihrer Heimatstadt zu leben gelernt. Wie anders würde es sich sonst erklären, daß sie einige ihrer Stadtviertel mit „Teufelin" (Ďáblice), „Schreckgespenst" (Strašnice) oder „Halsabschneider" (Hrdlorezy) belegt haben und sich trotzdem dort wohl fühlen? Trotz mancher Fehlentwicklung ist sie liebenswert geblieben, diese Stadt der Baumeister und Bildhauer, der Dichter und Musiker, die Stadt, in der Mozart seine glücklichste Zeit erlebte, die aber andererseits Leoš Janáček so schwer enttäuschte, daß er eine abgelehnte Partitur kurzerhand in die Moldau warf. Diese Stadt, die so Gegensätzliches wie Gotik und Kubismus, wie Kafkas „Prozeß" und Hašeks „Schwejk", wie Gregorianische Gesänge und Hard-Rock-Shows mit offenbar leichter Hand vereint, ist so alt und so jung wie eh

8 Polyglott

DIE UNVOLLENDETE METROPOLE

und je. Noch immer begeistert das goldglitzernde Panorama ihrer unzähligen Dächer, Kuppeln und Türme in der Abendsonne, noch immer verströmen die verwinkelten Gassen des alten Judenviertels ihren magischen Zauber, noch immer ist hier Geschichte allgegenwärtig.

Aber gleichzeitig ist Prag heute eine Stadt auf dem Sprung, eine Stadt, die die Zukunft für sich entdeckt hat und sich ohne Vorbehalt der Gegenwart öffnet. Prag ist eine fröhliche, pulsierende Stadt. Aus aller Welt strömen junge Menschen herbei, Touristen, Straßenmusikanten, fliegende Händler. Viele bleiben länger, eröffnen Lokale, Galerien, Geschäfte. Sie alle verkörpern die Hoffnung, daß hier, im wiedergefundenen Herzen Europas, sich vielleicht das verwirklicht, von dem schon frühere Generationen träumten, ein friedliches Zusammenleben von Menschen unterschiedlicher Herkunft und Nationalität – eine Oase humanitärer Ideale in einer kälter gewordenen Welt, eine Insel für Toleranz und Verständnis.

Diesseits und jenseits der Moldau – Lage und Landschaft

Prag erstreckt sich über eine Gesamtfläche von 496 km² und ist in zehn Stadtbezirke gegliedert. Die bis zu 4 m tiefe und bis zu 300 m breite Moldau durchfließt die Stadt auf einer Länge von über 30 km.

Der Stadtname „Praha" leitet sich einer Sage nach vom tschechischen „práh" (= Schwelle) her. Er bezieht sich auf eine Furt, an der die damals noch wilde Moldau gefahrlos passiert werden konnte. Da sich hier zudem die Bernstein- und die Salzstraße kreuzten, war der Ort wie geschaffen für eine Han-

Polyglott 9

DIE UNVOLLENDETE METROPOLE

delsniederlassung. Älteste Zeugnisse sprechen für eine Besiedlung schon in vorchristlicher Zeit. Im Mittelalter wurde dann aus dem Marktflecken ein wichtiger Umschlagplatz für Waren aus ganz Europa. Am heutigen Pulverturm trafen sich damals Kaufleute aus Skandinavien und Sizilien, aus Moskau und Madrid. Prag wurde damit zum „Herzen Europas", und das nicht nur für die Kaufleute. Auch politisch gewann die Stadt Statur: Zweimal stieg sie zur Reichshauptstadt auf, unter Karl IV. (1346–1378) und unter Rudolf II. (1576 bis 1612). Heute versucht Präsident Havel mit seiner Betonung neuen Rolle der mitteleuropäischen Staaten und seinen Bemühungen um Integration der Tschechischen Republik in die EU, Prag auch politisch wieder ins Herz Europas zu rücken.

Geologisch betrachtet hat die Moldau, die sich weitgehend durch ein schmales Tal windet, auf dem Prager Territorium einen nach Westen offenen Flußbogen ausgewaschen. Während das linke Ufer mit Kleinseite und Hradschin steil ansteigt, liegen Altstadt und Neustadt nur wenig höher als das Flußniveau.

Die Moldau umfließt acht Inseln, die gegen Ende des 18. Jahrhunderts befestigt wurden. Seit dem 19. Jahrhundert wird der Fluß großräumig reguliert. Zum einen wurden seine Ufer befestigt, um der Hochwassergefahr vorzubeugen, zum anderen um neues Bauland zu gewinnen. 18 Brücken verbinden heute die Flußufer, die berühmteste: die Karlsbrücke (s. Exkurs „Die Prager Moldauinseln", S. 58 f.).

Nicht nur zum „Prager Frühling" – Klima und Reisezeit

Mittelböhmen und Prag liegen in der Übergangszone vom ozeanischen zum kontinentalen Klima, ähnlich wie München oder Wien. Die mittleren täglichen Maximaltemperaturen betragen 1,1 °C im Januar und 24,1 °C im August, die mittleren täglichen Minimaltemperaturen –4 °C im Januar und 13,4 °C im August.

Reisezeit ist eigentlich immer. Am angenehmsten sind die Frühlingsmonate, wenn die Prager Gärten ihre volle Blütenpracht zeigen. Im Mai und Juni, wenn die Festwochen des „Prager Frühlings" Besucher aus aller Welt anziehen, wird es zum ersten Mal eng in der Stadt. In der Ferienzeit (Juli/August) wimmelt es nur so von Touristen, wobei die Prager selbst jede Gelegenheit zur Flucht aus den stickigen und staubigen Häuserschluchten nutzen. Die milde Septembersonne taucht die Stadt in ein melancholisches Licht, während die häufig nebligen Oktober- und Novembertage die Straßen in ein magisches Zwielicht hüllen. Der Winterschnee verleiht den Dächern und Kuppeln zwar einen besonderen Zauber, vermischt sich aber mit dem Straßenstaub schnell zu einen schmutzigen Brei, der nicht gerade zum Spazierengehen einlädt. Das hat allerdings auch den Vorteil, daß man an solchen Tagen die Sehenswürdigkeiten der Stadt fast ganz für sich allein hat. Außer natürlich an den Feiertagen – denn dann platzt die Stadt mal wieder aus allen Nähten.

Bevölkerung und Religion

Gegründet wurde die Stadt von slawischen Siedlern, und bis heute machen die Tschechen als Abkömmlinge westslawischer Stämme den weitaus größten Teil der Bevölkerung aus. Im Mittelalter riefen die Herrscher deutsche Kolonisten ins Land, die unbesiedelte Landstriche urbar machten und Städte gründeten. Im 14. Jahrhundert, als Prag unter Karl IV. mit über 60 000 Einwohnern zur größten Stadt Mitteleuropas heranwuchs, avancierte die deutsche Minderheit zu einer einflußreichen Bevölkerungsgruppe.

Kulturell und wirtschaftlich bedeutend war zu dieser Zeit auch die jüdische Minderheit, deren Angehörige sich al-

10 Polyglott

DIE UNVOLLENDETE METROPOLE

lerdings nur innerhalb der sogenannten Judenstadt niederlassen durften.

In den folgenden Jahrhunderten durchlebte die deutsche Bevölkerung ein wechselvolles Schicksal: Durch die Hussitenkriege wurde sie bis auf einen verschwindenden Rest dezimiert – ein Aderlaß, von dem sie sich erst unter den Habsburgern wieder erholte. Als nach dem Dreißigjährigen Krieg der Regierungssitz endgültig nach Wien verlegt wurde, verlor Prag seine traditionelle Bedeutung, und der ausländische Adel – vor allem der deutsche – gab dort für mehr als zwei Jahrhunderte den Ton an. Deutsch wurde offizielle Verwaltungssprache, das Tschechische verkam zum Bauern- und Dienstbotendialekt. Das erwachende Nationalbewußtsein führte auch bei den Tschechen zu einer Rückbesinnung auf die eigenen kulturellen und sprachlichen Wurzeln. Zusammen mit der industriellen Revolution, die die verarmte Landbevölkerung in Massen in die Städte trieb und der Landeshauptstadt zu einem sprunghaften Wachstum verhalf, bewirkte die tschechische nationale Wiedergeburt, daß die Deutschen wieder merklich an Einfluß verloren. Gegen Ende des 19. Jahrhunderts lag ihr Anteil gerade noch bei fünf Prozent. Mit der Vertreibung der Sudetendeutschen nach dem Zweiten Weltkrieg verschwand auch dieser Rest.

Der jüdische Bevölkerungsanteil, der von den Nationalsozialisten nahezu ausgerottet wurde, erfährt in jüngster Zeit eine Wiederbelebung durch Zuzüge aus dem Ausland.

Aus deutscher Sicht ist Prag heute vor allem für Kapitalanleger wieder interessant geworden. Deutsche Unternehmen zählen zu den bedeutendsten ausländischen Investoren in der Stadt.

Inzwischen haben sich hier auch viele Amerikaner niedergelassen, für die Prag das „Paris der neunziger Jahre"

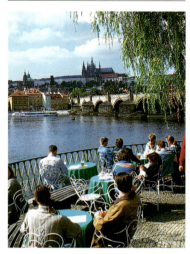

Biergenuß mit Blick auf Karlsbrücke und Hradschin

Im Königlichen Palast: Vladislav-Saal

Polyglott **11**

DIE UNVOLLENDETE METROPOLE

darstellt. Sie bilden eine eigene Kolonie mit einem US-Prager Lifestyle.

1960 stieß Prag in den Kreis der Millionenstädte vor. Heute hat die Stadt mehr als 1,2 Mio. Einwohner. Die Bevölkerung ist überwiegend (nominell) katholisch, aber eher glaubensskeptisch bzw. areligiös eingestellt. Seit geraumer Zeit bewegt eine heftige Auseinandersetzung über die Rückgabe von Kircheneigentum die Öffentlichkeit, die in der Frage gipfelt: „Wem gehört eigentlich der St.-Veits-Dom?" Während die Kirche mit Erzbischof Vlk („Im Mittelalter waren Staat und Kirche eins.") an der Spitze auf ihren geistlichen Anspruch pocht, verweist Präsident Havel – nicht zu Unrecht – darauf, daß der Bau der Kathedrale bis zu ihrer endgültigen Vollendung im Jahre 1929 immer nur von staatlichen oder privaten, aber national gesinnten Geldgebern finanziert wurde.

Das kleine Wirtschaftswunder

Es kam anders als erwartet: Ende 1993, vier Jahre nach der Wende, konnte die Tschechische Republik als einziges Land des ehemaligen Ostblocks eine ganz und gar positive Wirtschaftsbilanz vorlegen: mit Exportüberschüssen, einem positiven Staatshaushalt, einer ständig sinkenden Inflationsrate und – was am meisten erstaunt – der mit 3,5 Prozent niedrigsten Arbeitslosenquote in Europa. Allerdings ist diese Zahl mit Vorsicht zu genießen, denn nicht berücksichtigt sind hierbei Frauen, die aus dem Erwerbsleben ausgeschieden sind, ohne sich beim Arbeitsamt zu melden.

Prag ist zudem dem Rest des Landes auch hierin um mehr als eine Nasenlänge voraus: In der Stadt herrscht praktisch Vollbeschäftigung – wer einen Job sucht, findet auch einen.

Der erwartete Wirtschaftseinbruch durch die Privatisierung der Staatsbetriebe ist – vorerst – ausgeblieben. Im Gegenteil: Die Tschechen haben landauf, landab Geschmack am Kapitalismus gefunden.

Die erste Privatisierungswelle hat aus jedem erwachsenen Staatsbürger einen Aktienbesitzer gemacht. Die Börsenkurse haben einen wichtigen Platz in den Nachrichtensendungen, und Spekulieren ist zu einem neuen Volkssport geworden.

Im Prager Wirtschaftsraum konzentrieren sich mehr als zehn Prozent der nationalen Industrieproduktion. Nachdem überalterte Kapazitäten modernisiert und die viel zu hohen Beschäftigtenzahlen abgebaut worden sind, können nun auch die traditionell wichtigen Industriebetriebe wie Maschinenbau, Metallverarbeitung, Pharmazie, Nahrungs- und Genußmittelindustrie sowie die Papier- und Textilproduktion auf eine gesicherte Zukunft hoffen.

Die größten Zuwächse verzeichnet allerdings der Tourismus. 1994 zählte das

Steckbrief

Geographische Lage: 50° 05' nördlicher Breite (wie Frankfurt/M.) 14° 25' östlicher Länge (wie Berlin)

Fläche: 496 km²

Verwaltungseinheiten: Unterteilung in zehn Stadtbezirke

Bevölkerung: fast ausschließlich Tschechen, kleine jüdische Gemeinde, kleinere Gruppen Sinti und Roma

Einwohnerzahl: 1 215 067 (1.1.1991)

Bevölkerungsdichte: 2443 Einw. pro km²

Sprache: Tschechisch

Religion: überwiegend römisch-katholisch

Währung: Tschechische Krone

DIE UNVOLLENDETE METROPOLE

Land 101 Mio. ausländische Besucher, 30 Mio. mehr als im Vorjahr. Davon entfielen allein 42 Mio. auf Prag – eine Zahl, die nicht nur die Hotelkapazität der Metropole vor gewaltige Probleme stellt, sondern auch die sowieso schon so malträtierte Umwelt noch weiter belastet.

Verwaltung und Politik

Prag war von alters her Regierungssitz für Böhmen und Mähren, unter Karl IV. und Rudolf II. zudem Hauptstadt des Heiligen Römischen Reiches Deutscher Nation. Mit der Unabhängigkeit der Ersten Republik 1918 wurde die Stadt zur Hauptstadt der ČSR (ab 1948 ČSSR, 1990–1993 ČSFR).

Seit 1993 ist Prag Hauptstadt der nach der Trennung von der Slowakei verbliebenen Tschechischen Republik (ČR), deren Territorium sich in etwa mit dem der historischen Kronländer Böhmen und Mähren deckt.

Prag ist das unbestrittene Zentrum des Staates, sowohl in politischer als auch in wirtschaftlicher und kultureller Hinsicht. Es ist Sitz des Parlaments, der Regierung und des Staatspräsidenten. Die politische Lage gilt als relativ stabil, nicht zuletzt dank des von Ministerpräsident Václav Klaus, einem überzeugten Marktwirtschaftler, durchgesetzten Reformprogrammes.

Die politische Landschaft gründet sich auf einem breiten Parteienspektrum, von links bis ganz rechts. Die führenden Parteien haben sich aus dem „Bürgerforum" (OF = Občanské forum) ausgegliedert, das einst auch die politische Heimat für den heutigen Staatspräsidenten Václav Havel war. Für die nächsten Wahlen rechnen sich auch die Kommunisten gute Chancen aus.

Prag ist nicht nur Landeshauptstadt, sondern auch eine selbständige städtische Verwaltungseinheit. Diese wird von einem Stadtparlament mit dem Primator (Bürgermeister) an der Spitze verwaltet.

Die Ehrengarde des Präsidenten vor dem Palais Schwarzenberg

Open air in Prag

Polyglott **13**

DIE UNVOLLENDETE METROPOLE

Prager Luft – ein Problem

Die ökologische Problematik ist die bedrückendste Hinterlassenschaft des Sozialismus: Neben der allgemeinen Energieverschwendung (alle öffentlichen Gebäude sind im Winter stark überheizt) sind es vor allem der Verkehr und die Schornsteine (Privathaushalte werden noch überwiegend mit Kohle und Briketts geheizt), die der Stadt ökologisch am meisten zusetzen. Über dem Stadtteil Smíchov z. B. (Braunkohlekraftwerke) hängt ständig eine Dunstglocke, die Atmen schwer macht.

Der Denkmalschutz kommt mit dem Restaurieren kaum nach – eine neue Fassade z. B. hält nur wenige Jahre.

Um der Luftverschmutzung Herr zu werden, setzt die Regierung auf Kernenergie, deren Anteil an der Stromerzeugung in zehn Jahren bis auf 50 Prozent gesteigert werden soll. Der Anteil der Braunkohlekraftwerke soll entsprechend reduziert werden.

Wichtigstes Instrument, einem drohenden Verkehrskollaps vorzubeugen, ist die Metro, die Alt- und Neustadt gut erschließt. Um den Fernverkehr in Zukunft von der Innenstadt fernzuhalten, sind weiträumige Umgehungen konzipiert bzw. schon fertiggestellt.

Und dennoch zum Durchatmen – die grünen Lungen der Stadt

In Anbetracht des innerstädtischen Häusermeeres will man kaum glauben, daß fast die Hälfte des Stadtgebietes von Grünflächen bedeckt ist. Einige dieser grünen Inseln sind als Naturschutzgebiete ausgewiesen, deren Besucherordnung genau zu beachten ist.

Drei große Parkanlagen auf der westlichen (linken) Moldauseite bieten sich für ausgedehnte Spaziergänge an: Da ist zunächst der Hausberg der Prager, der 318 Meter hohe *Laurenziberg* oder Petřín, auf den man am besten mit der

Standseilbahn vom Kleinseitner Moldauufer (Straße Újezd) gelangt. Ausgerechnet dieses lauschige Plätzchen, dessen Blütenpracht im Frühjahr Liebespaare wie magisch anzieht, hat sich Kafka für die Hinrichtung seines Protagonisten Josef K. im „Prozeß" ausgesucht. Südlich, hinter der von Karl IV. errichteten Hungermauer, schließt sich der *Kinský-Garten* an. An der Nordseite geht der Park in den zur deutschen Botschaft gehörenden *Lobkowitz-Garten* über, in dem 1989 Tausende von DDR-Flüchtlingen Zuflucht fanden. Durch den *Strahov-Park* gelangt man zum gleichnamigen Kloster, heute Museum des nationalen Schrifttums.

Der weitläufige *Letna-Park* liegt auf einem hohen Plateau über der Moldau, gegenüber der Altstadt. Hier stand in den fünfziger Jahren das überdimensionierte Stalin-Denkmal, an das heute nur noch der Sockel erinnert. Unmittelbar benachbart zwei elegante Restaurants, ursprünglich Messepavillons. Der Hanau-Pavillon, ein Prunkstück des Jugendstils, wurde für die Jubiläumsausstellung der Stadt Prag 1891 errichtet, das „Praha Expo '58" repräsentierte die Tschechoslowakei auf der Weltausstellung in Brüssel. Über eine Brücke im Westen der Anlage gelangt man in den *Chotek-Park* (Chotkovy sady) und von dort in den *Königlichen Garten* (Královská zahrada) mit dem Lustschloß Belvedere unterhalb der Burg, der 1534 zwischen dem Hirschgraben und den Marienwällen angelegt wurde (nur am Wochenende geöffnet).

Der *Baumgarten* (Stromovka) liegt nördlich des Letna-Parks an der Moldauschleife. Angelegt wurde er von König Přemysl Otakar II. als Jagdgehege. Rudolf II. baute hier ein Lustschloß (heute Zeitungsmuseum) und legte Fischteiche an, die durch einen Stollen aus der Moldau gespeist werden. An der Südostseite schließt sich das 1891 errichtete *Ausstellungsgelände* (Výstaviště) an, das in den fünfziger Jahren zu einem Erholungspark mit Veranstaltungshallen umgestaltet wurde.

14 Polyglott

Geschichte im Überblick

5./6. Jh. Westslawen siedeln im Gebiet des heutigen Prag.

9. Jh. Sagenhafte Gründung Prags durch die Seherin Libuše.

850–895 Herzog Bořivoj, der erste historisch faßbare Přemyslide, einigt die tschechischen Stämme und errichtet die ersten Bauten auf dem Hradschin.

874 Bořivoj läßt sich vom Slawenapostel Methodios taufen.

10.–11. Jh. Jüdische und deutsche Kaufleute lassen sich in Prag nieder.

921 Wenzel (Václav) „der Heilige" wird Herzog Böhmens.

973 Prag wird Bistum.

1070 Gründung des Kapitels Vyšehrad.

1231 Die Altstadt bekommt das Stadtrecht und wird befestigt.

1257 König Přemysl Otakar II. gründet auf der heutigen Kleinseite eine Stadt für deutsche Kolonisten, die nach Magdeburger Stadtrecht verwaltet wird.

1320 Gründung der Hradschin-Stadt als dritte der Prager Städte nach Altstadt und Kleinseite.

1344 Prag wird Erzbistum, Baubeginn am St.-Veits-Dom.

1346–1378 Karl IV. wird böhmischer König und deutscher Kaiser; er gründet 1348 die Neustadt, macht Prag zur Metropole des Reiches und entfaltet eine rege Bautätigkeit.

1348 Gründung der Karlsuniversität (Carolinum).

1357 Bau der Karlsbrücke.

1378–1419 Wenzel IV. regiert Böhmen; soziale Unruhen.

Blick auf die Kleinseite

Das Jan-Hus-Denkmal am Altstädter Ring

Das Denkmal Karls IV. am Kreuzherrenplatz erinnert an die Gründung der Prager Universität

Polyglott 15

Geschichte im Überblick

1402 Johannes Hus wirkt als Prediger an der Bethlehemskapelle und fordert eine Rückbesinnung auf das ursprüngliche Christentum.

1409 Der König ändert das Universitätsstatut zugunsten der tschechischen Nation; deutsche Studenten und Professoren verlassen die Universität.

1415 Johannes Hus wird vom Konzil in Konstanz als Ketzer zum Tode auf dem Scheiterhaufen verurteilt.

1419 „Erster Prager Fenstersturz" – eine vom radikalen Prediger Jan Želivský angeführte Menschenmenge wirft Ratsherren aus dem Fenster des Neustädter Rathauses, da sie sich weigern, eingekerkerte Hussiten freizulassen.

1420–1431 Papst und Kaiser rufen zum Kreuzzug gegen die Hussiten auf, werden aber von diesen in die Flucht geschlagen.

1458–1471 Der „Hussitenkönig" Georg von Podiebrad regiert das Land.

1526 Der Habsburger Ferdinand I. erwirbt die böhmische Krone, die bis 1918 bei der Österreich verbleibt.

1541 Nach einen Großbrand werden Hradschin und Kleinseite im Renaissancestil neu aufgebaut.

1556 Ferdinand I. wird deutscher Kaiser und ruft die Jesuiten ins Land, um die protestantische Bewegung zu unterdrücken.

1576–1612 Unter Kaiser Rudolf II. wird Prag erneut zur Reichsmetropole. Er ruft bedeutende europäische Künstler und Wissenschaftler an seinen Hof, so Tycho Brahe und Johannes Kepler.

1618 Der „Zweite Prager Fenstersturz" löst den Dreißigjährigen Krieg aus.

1621 Auf dem Altstädter Ring werden 27 protestantische Adlige hingerichtet.

1627 Der Katholizismus wird zur alleinigen Staatsreligion erklärt.

1648 Die Schweden belagern Prag.

1741–1742 Französische, preußische und bayerische Truppen besetzen im Zuge des Österreichischen Erbfolgekrieges die Stadt.

1781 Toleranzpatent Josephs II.; Erneuerung der Glaubensfreiheit und Auflösung der Klöster.

1784 Zusammenlegung der vier Prager Städte Hradschin, Kleinseite, Altstadt und Neustadt zur Verwaltungseinheit.

1845 Die Eisenbahnlinie Prag–Wien wird eingeweiht.

1848 Slawischer Kongreß und Revolution in Prag; das tschechische Nationalbewußtsein erwacht.

1874 Schleifung der Prager Wälle.

1882 Die Prager Universität spaltet sich nach Nationalitäten; erstes Turnfest des tschechisch-nationalen Turnerbundes Sokol auf der Schützeninsel.

1885 Gesetz zur Assanierung (Verbesserung der Bebauung) der Judenstadt.

1918 T. G. Masaryk ruft die Tschechoslowakische Republik aus; Spannungen zwischen den nationalen Gruppen des jungen Vielvölkerstaates (Tschechen, Slowaken, Deutsche, Ungarn, Polen).

1922 Durch Eingliederung von 37 Gemeinden entsteht der Verwaltungsbezirk Groß-Prag.

1938 Münchner Abkommen – die sudetendeutschen Gebiete fallen an Hitlerdeutschland.

1939 Deutsche Okkupation; Errichtung des „Protektorats Böhmen und Mähren"; Hitler auf der Prager Burg.

GESCHICHTE IM ÜBERBLICK

Václav Havel – der Dichterpräsident der Tschechischen Republik

1945 Prager Aufstand und Ende des Zweiten Weltkriegs; Beginn der Vertreibung der Sudetendeutschen.

1948 Gewaltlose Machtergreifung der Kommunistischen Partei, die Tschechoslowakei wird Volksrepublik.

1960 Prag wird Hauptstadt der Tschechoslowakischen Sozialistischen Republik (ČSSR).

1968 Die politische Reformbewegung „Prager Frühling" unter Führung von Alexander Dubček wird durch den Einmarsch von Truppen des Warschauer Paktes gewaltsam unterdrückt.

1969 Der Student Jan Palach verbrennt sich aus Protest gegen die Besetzung des Landes.

1973 Die Unterzeichnung der Ostverträge und die Wiederaufnahme diplomatischer Beziehungen stellen die Beziehung zwischen der ČSSR und der BRD auf eine neue Stufe.

1974 Eröffnung der ersten Metrolinie.

1977 Gründung der Menschenrechtsbewegung „Charta 77". Der Sprecher ist der Dichter und Dramatiker Václav Havel.

1989 Die „Samtene Revolution" beendet die Herrschaft der Kommunistischen Partei.

1990 Aus den ersten freien Wahlen geht das „Bürgerforum" als stärkste politische Gruppierung hervor; Havel wird zum ersten Präsidenten des neuen Staates, der Tschechoslowakischen Föderativen Republik (ČSFR), gewählt.

1992 Tschechen und Slowaken einigen sich auf die Bildung zweier separater Staaten.

1993 Prag wird Hauptstadt der Tschechischen Republik (ČR), Václav Havel Staatspräsident.

Jan-Palach-Denkmal in der alten Judenstadt

1968: Brennender Panzer der Interventionstruppen in Prag

Polyglott **17**

Kultur gestern und heute

In mehr als tausend Jahren haben in Prag Bildhauer und Architekten, Maler und Literaten, Musiker und Wissenschaftler unvergängliche Werke geschaffen. Als architektonisches Gesamtensemble vereinigt diese Stadt in ihren Mauern alle kunstgeschichtlichen Stilepochen von der Romanik bis zur Moderne.

Zur Baugeschichte Prags

Aus vor- und frühgeschichtlichen Funden ist zu schließen, daß das Gebiet des heutigen Prag bereits während der Steinzeit besiedelt wurde. Ins Licht der Geschichte tritt dieser Raum aber erst mit den slawischen Stämmen, die sich hier im 4. und 5. Jahrhundert n. Chr. niederließen. Dreihundert Jahre später gründeten sie mit der Besiedlung des Hradschin das heutige Prag.

Die ersten Fürsten aus dem Geschlecht der Přemysliden errichteten dort eine hölzerne Burg, die später durch eine Steinburg ersetzt wurde, und setzten damit das Startsignal für eine fast tausendjährige Baugeschichte, in deren Verlauf die Prager Burg ihr heutiges Gesicht erhielt. Der Vyšehrad, die zweite Prager Burg, auf dem anderen Moldauufer, wurde im Laufe des 10. Jahrhunderts angelegt und löste für einige Zeit den Hradschin als Herrschersitz ab. Zwischen diesen beiden Burgen entwickelte sich die Stadt.

Das romanische Prag

Von den romanischen Bauten haben sich nur wenige erhalten, darunter die St.-Georgs-Basilika auf der Prager Burg (1142), in der sogar noch vorromanische Ursprünge zu erkennen sind. Eine Besonderheit sind die roma-

nischen Rotunden, von denen es nur noch drei gibt. Bei der Sanierung der Altstadt zu Beginn unseres Jahrhunderts entdeckte man zahlreiche romanische Kellergewölbe, auf denen später Gebäude anderer Stilepochen errichtet wurden. Das eindruckvollste findet man in der Kettengasse (Řetězová), und zwar im Palast der Herren Kunstadt und Podiebrad.

Auch der St.-Veits-Dom wurde auf einem romanischen Bau errichtet, der St.-Veits-Rotunde, deren Reste unter der Wenzelskapelle freigelegt wurden.

Das gotische Prag

Das gotische Prag, die heutige Altstadt mit ihrem Zentrum, dem Altstädter Ring, war ursprünglich durch einen Mauer und dreizehn Türme befestigt, von denen nur der Pulverturm erhalten geblieben ist. 1232–1234 errichteten bayerische Kolonisten innerhalb der Stadtmauern die sogenannte Gallistadt, von deren ursprünglichen Ausmaßen man sich noch einen Eindruck in den Laubengängen in der Galligasse (Havelská) mit ihren herrlichen Kreuzrippengewölben machen kann. In diese Zeit fällt auch die Gründung des Agnesklosters, des bedeutendsten frühgotischen Bauwerks der Stadt. Die wohlhabende jüdische Gemeinde demonstrierte ihr wachsendes Selbstbewußtsein mit der Errichtung der Altneusynagoge, der ältesten erhaltenen Synagoge in Europa.

Der Stadtteil Kleinseite wurde 1257 von Siedlern aus Norddeutschland gegründet, die von den Přemysliden ins Land gerufen worden waren. Er gruppierte sich um einen rechteckigen Platz, den heutigen Kleinseitner Ring, der von der gotischen St.-Niklas-Kirche dominiert wurde. Wie diese Kirche wurde später auch das gesamte Viertel barockisiert, so daß nur noch im Grundriß der Kleinseite ihre ursprünglich gotisches Anlage zu erkennen ist.

Den größten Entwicklungsschub für mehrere Jahrhunderte erfuhr die Stadt

18 Polyglott

KULTUR GESTERN UND HEUTE

unter Kaiser Karl VI. (König von Böhmen 1355–1378, Kaiser seit 1355), der Prag für die Dauer seiner Herrschaft zur politischen und kulturellen Reichshauptstadt machte. Er erweiterte das Stadtbild um die Neustadt, gründete 1348 mit der Karlsuniversität (Carolinum) die erste wissenschaftliche Hochschule diesseits der Alpen und ließ das Bistum Prag zum Erzbistum erheben. Aus diesem Anlaß legte er auch den Grundstein für den St.-Veits-Dom, dessen Bau von Matthias von Arras begonnen und von dem aus Schwäbisch Gmünd stammenden Peter Parler zu einen vorläufigen Ende gebracht wurde. Karl betraute Parler noch mit weiteren Bauten, die bis heute das Stadtbild bestimmen, wie etwa die Karlsbrücke mit dem Altstädter Brückenturm.

Die böhmische Gotik klingt an der Wende vom 15. zum 16. Jahrhundert aus, nicht ohne noch einige beeindruckende Schöpfungen ihrer Baukünstler zu hinterlassen – z.B. den grandiosen Vladislav-Saal im Königsplast auf der Prager Burg.

Renaissancearchitektur in Prag

In den Fenstern dieses Saales, die 1493 von Benedikt Ried geschaffen wurden, kündigt sich bereits die böhmische Renaissance an. Ihren wirklichen Einzug hielt sie aber erst 1526 mit dem Machtantritt des Habsburgers Ferdinand I., der u.a. das königliche Lustschloß Belvedere anlegen ließ. Sein Beispiel machte bei vielen Adeligen Schule, die nun Prachtbauten wie das Palais Schwarzenberg und das Schloß Stern errichteten. Eine große Feuersbrunst, die 1541 Burg und Kleinseite erfaßte, nutzte Ferdinand zu einem umfassenden Umbau der zerstörten Stadtteile im Stil der Renaissance. In den Schatten gestellt wurde er allerdings durch seinen eigenen Enkel Rudolf II., der Prag erneut zur Metropole des Reiches machte. Rudolf war ein Mäzen, wie es nur ein Kaiser sein konnte. An seinem Hof versammelte er die bedeutendsten Künstler, Kunsthandwerker und Wis-

Der berühmte St.-Veits-Dom

Jugendstilbalkon, Národní třída

St.-Martins-Rotunde

Polyglott **19**

KULTUR GESTERN UND HEUTE

senschaftler seiner Zeit – darunter Tycho Brahe und Johannes Kepler. Allerdings richtete sich sein Interesse weniger auf eine ausgedehnte Bautätigkeit als auf die Förderung von Malerei und Plastik.

Prag und das Barock

Die grandiose Barockarchitektur der Stadt hingegen verdanken wir weitgehend der Prunksucht des nach dem Dreißigjährigen Krieg reich gewordenen Adels. Als wollte er den politischen Prestigeverlust des Landes infolge der Verlegung der Reichshauptstadt nach Wien durch immer großartigere Bauten ausgleichen, ließ er ganze Straßenzüge niederreißen und durch prächtige Barockpaläste ersetzen. Dem wollten auch die geistlichen Orden, die nach der Vertreibung des Protestantismus das geistige Leben des Landes lenkten, nicht nachstehen. Ihre Klöster erhielten die Ausmaße von Herrscherpalästen, und ihre grandiosen Kirchenbauten kündeten vom totalen Sieg der Gegenreformation. Geniale Barockbaumeister wie Christoph Dientzenhofer und sein Sohn Kilian Ignaz konnten sich hier genauso entfalten wie etwa Johann Bernhard Fischer von Erlach und die großen Barockmaler und -bildhauer Karel Škréta, Ferdinand Maximilian Brokoff und Matthias Bernhard Braun.

Das 19. Jahrhundert

Die bürgerliche Kultur ging Hand in Hand mit der nationalen Wiederbesinnung und äußerte sich vornehmlich im Bereich von Musik und Literatur. Architektonisch schlug sich dieses neue Nationalbewußtsein in so monumentalen Bauten wie dem Nationalmuseum oder dem Nationaltheater nieder. Als letzter universeller Stil prägte dann der Jugendstil das Gesicht der Stadt, der eine ganze Reihe beeindruckender Bauwerke hervorgebracht hat. Die späteren Baustile wie Funktionalismus, Konstruktivismus und Kubismus besaßen nicht mehr die Kraft, ganze Ensembles zu gestalten.

Kunst- und Filmstadt Prag

Das heutige Prag kann sich auch in der Gegenwart einer überaus lebendigen künstlerischen Szene rühmen. Prag besitzt drei Opernhäuser, 24 öffentliche Museen und unzählige Theater und Galerien. Prag ist die Stadt der weltberühmten Musikfestspiele „Prager Frühling", die Stadt Smetanas, Dvořáks und Janáčeks, aber auch ein Mekka für Jazzmusiker und eine heiße Adresse für Rockfans aller Lager.

Prag ist zudem Filmstadt. Die Barrandov-Studios wurden in den dreißiger Jahren von einem Onkel des jetzigen Staatspräsidenten gegründet und konnten sich sehr bald einen internationalen Ruf erwerben. Ihre Bedeutung erkannten aber auch die totalitären Machthaber: Goebbels sah in der Filmindustrie ein willkommenes Propagandainstrument und unterstellte Barrandov daher seinem Ministerium. Ähnlich verfuhren die Stalinisten in den fünfziger Jahren, nur daß jetzt die Kommunistische Partei den Ton angab. Dennoch konnte der tschechische Film auch in dieser Zeit erneut Weltrum erlangen. Zunächst waren es die großartigen Trickfilme von Jiří Trnka und Karel Zeman, die internationales Aufehen erregten. Der Spielfilm zog in den sechziger Jahren nach, als das politische Tauwetter größere künstlerische Freiheiten zuließ. Ohne Zweifel hat der tschechische Film durch seine mehr oder minder direkte Kritik an den gesellschaftlichen Zuständen die Demokratisierung des Landes, die dann in der kurzen Episode des „Prager Frühlings" gipfelte, mit vorbereitet.

In diesen Jahren lernten Regisseure wie Miloš Forman und Jiří Menzel in den Barrandov-Studios ihr Handwerk, um nur die international bekanntesten zu nennen. Forman emigrierte in die USA und avancierte dort zu einem der Starregisseure Hollywoods. 1983 kehrte er zurück und drehte in Prag den Welterfolg „Amadeus" – allerdings mit einem amerikanischen Filmteam.

KULTUR GESTERN UND HEUTE

Nach anfänglichen Schwierigkeiten mit der Umstellung von einem alimentierten Staatsbetrieb auf die rauhe Marktwirtschaft sind die Prager Filmstudios jetzt wieder ausgelastet.

Literaturstadt Prag

Franz Kafka, Rainer Maria Rilke, Egon Erwin Kisch – diese berühmten Namen von Prager Verfassern deutschsprachiger Literatur sind längst in die Lehrpläne deutscher Schulen eingegangen. Wir beschränken uns hier aus Platzgründen auf die wichtigsten Namen von Schriftstellern tschechischer Sprache des ausgehenden 19. und des 20. Jahrhunderts. Alle unten aufgeführten Werke liegen in deutscher Übersetzung vor und werden hier nur mit ihrem deutschen Titel genannt.

Franz Kafka und seine Verlobte Felice Bauer

Liebenswerte Skizzen aus dem Prager Leben sind Jan Nerudas „Kleinseitner Geschichten". Auch als Oper von Leoš Janáček bekannt ist „Die Sache Makropoulos" des in Deutschland vor allem als Dramatiker bekannten Karel Čapek, von dem auch das Drama „RUR" (= Rossum's Universal Robots) stammt. Weltbekannt ist die Titelfigur aus Jaroslav Hašeks satirischem Roman „Die Abenteuer des braven Soldaten Schwejk während des Ersten Weltkriegs" geworden. Diese Autoren begründeten den Ruhm Prags im ausgehenden 19. und beginnenden 20. Jahrhundert als blühende Literaturstadt auch in bezug auf tschechischsprachige Werke.

Prag ist zudem die Heimat vieler Schriftsteller, die vor allem seit den siebziger Jahren den Widerstand ihres Volkes gegen ideologische Vereinnahmung und nationale Entmündigung verkörperten. Den Sammelpunkt der intellektuellen Opposition bildete die Bürgerrechtsbewegung „Charta 77". Zu ihren ersten Unterzeichnern gehörte

Im Dvořák-Museum

Polyglott 21

KULTUR GESTERN UND HEUTE

der Dramatiker und heutige Staatspräsident Václav Havel. Alle Sympathisanten der Bürgerrechtsbewegung erhielten Berufsverbot, viele – darunter der Dramatiker Pavel Kohout sowie der Erzähler, Lyriker und Dramatiker Milan Kundera (*Gefährliche Liebschaften, Erzählungen*) – emigrierten. Jaroslav Seifert, Literaturnobelpreisträger von 1984, durfte seine späte Lyrik nicht mehr veröffentlichen. Dennoch kursierte sie im Land – teils nur handschriftlich vervielfältigt, teils in einer ausländischen Ausgabe. Der Zensur unterlag auch Bohumil Hrabal, in dessen Werk die humoristische Erzähltradition Jaroslav Hašeks weiterlebt.

Mit der politisch-ideologischen Wende hat in der Hauptstadt der neuen Republik auch ein neues literarisches Leben begonnen, auch bereichert durch ihre Öffnung nach Europa. Eine vielfältige Literaturszene ist im Entstehen.

Prag – die Theaterstadt

Das tschechische Theater war immer politisch: In den Zeiten politischer Entmündigung verstand es „beredt zu schweigen" und sein Publikum „zwischen den Zeilen zu hören". In der Wendezeit – 1989 – wurde die Bühne dann direkt zum politischen Agitationsraum, indem die Schauspieler das Publikum zur Diskussion über die Zustände im Land aufforderten. Das oppositionelle Bürgerforum tagte in den Räumen der Laterna Magika, und im Činoherní klub (Schauspielklub) wurde das erste Manifest des öffentlichen Widerstandes verlesen.

Politisch war schon das Jesuitentheater gewesen, mit dem Mitte des 16. Jahrhunderts die geistlichen Wegbereiter der Gegenreformation im Clementinum die Rekatholisierung des Landes einläuteten. Zwei Jahrhunderte später geriet das Theater dann immer stärker ins nationale Fahrwasser. 1783 wurde das „Gräflich Nostizsche Nationaltheater" mit Lessings *Emilia Galotti* eröffnet. 1799 erwarben es die böhmischen Stände, weshalb es dann auch den Namen „Ständetheater" erhielt. Da in diesem Haus aber Deutsch als Bühnensprache vorherrschte, drängten die tschechischen Theaterliebhaber auf eine eigene Spielstätte – ein Schritt nationaler Emanzipation, der schließlich 1868 in der Grundsteinlegung für ein eigenes Nationaltheater gipfelte. 1888 wurde mit dem „Neuen Deutschen Theater", das ab 1950 „Smetana-Theater" hieß, die dritte große Prager Bühne eröffnet. Seit 1994 heißt die Bühne „Staatsoper" (Státni opera).

Hitlerokkupation, Zweiter Weltkrieg und Stalinismus hatten das blühende tschechische Bühnenleben zu einem konservativen Repertoiretheater verkommen lassen. Erst in den 60er Jahren erwachte das Theater aus seiner Lethargie, und eine ganze Reihe von neuen Bühnen wie das „Theater am Geländer" (Divadlo na zábradlí), an dem Václav Havel seine ersten dramaturgischen Gehversuche machte, oder das engagierte Revuetheater „Semafor" wurden gegründet. Namen wie „Laterna Magika", mit dem sich ein multimediales Bühnenspektakel verbindet, oder „Schwarzes Theater", ein aus der Pantomime entwickeltes Spiel mit Lichteffekten vor einem schwarzen Hintergrund, wurden inzwischen zu einem internationalen Qualitätsbegriff.

Während nach der Wende die großen Häuser, nicht zuletzt durch die Hilfe ausländischer Sponsoren, schnell wieder auf die Beine kamen und mit zugkräftigen Inszenierungen, die vor allem auf die touristische Nachfrage abzielten, ihre Kassen füllten, tat sich das kritische Experimentiertheater zunächst schwer, seinen neuen Standort zu bestimmen. Zahlreiche Ensembles setzen heute auf das ausländische Publikum und bringen Inszenierungen in Englisch, Deutsch oder Italienisch. Auch das deutschsprachige Theater scheint wieder aufzublühen – das Franz-Kafka-Theater bietet eine witzig-respektlose Auseinandersetzung mit dem deutsch-jüdischen Dichter-

KULTUR GESTERN UND HEUTE

mythos, und unter dem Leitmotiv „Deutsche Kammerspiele" bemüht sich gegenwärtig eine andere Gruppe um die Neugründung eines deutschsprachigen Ensembles.

Smetanas Erben – von Mozart bis Zappa

Die tschechische Musik beginnt bei den Hussiten, die mit dem bloßen Absingen ihres Chorals „Wenn ihr Gottes Kämpfer seid" die feindlichen Kreuzritterheere damals in die Flucht geschlagen haben sollen.

Veranstaltungskalender

In der Landeshauptstadt ist eigentlich das ganze Jahr über Saison. Man weiß, was man seinen Besuchern schuldig ist. Aber nicht nur denen: Auch in den weniger gefragten Monaten gibt es reichlich Gelegenheit für Kunstgenuß oder Unterhaltung. Nur daß jetzt die Prager mehr unter sich sind.

Januar
Prager Winter. Die erste Woche des Jahres wird mit einer kulturellen Festwoche eingeläutet.

Februar
Opernball in der Staatsoper. Großereignis der Prager Gesellschaft, mit Gästen aus der ganzen Welt.
Matthias-Kirmes. Im Ausstellungsgelände.

März
Festival der zeitgenössischen Musik.

April
Osterfestival für Kammermusik. Im Agneskloster.

Großer Frühlingspreis. Auf der Galopprennbahn in Prag-Chuchle.

Mai/Juni
Prager Frühling. Das Kulturereignis des Jahres – mit internationalen Spitzenorchestern und -solisten.

Juli
Quadriennale der Theatertechnik (1995, 1999 usw.)
Gedenkfeiern in Lidice.
Theaterfestival auf der Schützeninsel. Für freie Gruppen und Experimentiertheater.
Festival der Blasmusik. Dreitägiger Aufmarsch von Blaskapellen aus dem In- und Ausland in Kolin (etwa 40 km östlich von Prag).

August
Škoda Czech Open. ATP Tennisturnier.
Polo Gold Cup. Internationales Poloturnier im Stadion Strahov, dem größten der Welt (für 200 000 Zuschauer).

September
Prager Herbst. Musikfestival im Smetana-Saal.
Großer Herbstpreis. Auf der Galopprennbahn in Prag-Chuchle.

Oktober
Grand Steeplechase Pardubice. Das schwerste Hindernisrennen Europas, mit dem berühmt-berüchtigten Taxis-Graben. In Pardubitz (etwa 100 km östlich von Prag).

November/Dezember
Internationales Jazzfestival. Im Kulturpalast und allen Jazzlokalen.

Heute geht es beim Musizieren weit weniger martialisch zu, doch bis in die jüngste Zeit ist das Lied immer ein Kampfmittel geblieben – allerdings weniger gegen den Feind von außen als für die Meinungsfreiheit im eigenen Land. Während das sozialistische Regime 1976 zu einem großen Schlag gegen unbotmäßige Rockmusiker ausholte, um nun auch den musikalischen Underground ideologisch auf Vordermann zu bringen, lud Präsident Václav Havel 1990 die Rolling Stones zu einem Open-air-Konzert nach Prag ein. Für die Jugend konnte der politische und geistige Wandel im Land nicht deutlicher sichtbar werden. Aber es gab noch eine Steigerung – Havel machte Frank Zappa, dessen musikalische Revolte gegen das US-Establishment die Prager Szene wesentlich inspiriert hatte, zu seinem Kulturbotschafter. Heute hat sich die Szene wieder beruhigt. U- und E-Musik leben friedlich nebeneinander, zumal in diesem Land die Kluft zwischen den beiden Genres nie als so tief empfunden wurde wie in Deutschland. Hier stört sich keiner daran, daß man neben werktreuen Mozartaufführungen Potpourriabende seiner größten Hits veranstaltet.

Unbestrittener Höhepunkt für Klassikfans ist das 1946 gegründete Musikfestival „Prager Frühling" („Pražské jaro") das alljährlich mit der Aufführung von Smetanas „Mein Vaterland" im Smetana-Saal des Repräsentationshauses eröffnet wird. Zweiter großer Veranstaltungsort ist der 1200 Besucher fassende Dvořák-Saal des Rudolfinums, deren ausgezeichnete Akustik jedes Konzert zu einem unvergeßlichen Erlebnis werden läßt. Mit einbezogen in das Festivalprogramm sind auch zahlreiche andere Veranstaltungsorte der Stadt darunter die großen Kirchen.

Die Prager Rock- und Popszene wird heute ganz von den US-Charts dominiert. Das Angebot ist breit, es reicht von Folk bis Punk und Hard Rock. Einstige Publikumsgötter wie Karel Gott fallen unter die Rubrik „Nostalgie".

Unterkunft – Wie man sich bettet ...

Prag war von seiner Infrastruktur her nicht auf den Tourismusboom nach der Wende vorbereitet. Neue Hotels schießen förmlich aus dem Boden, doch in Spitzenzeiten sind vor allem preiswerte Hotelbetten sehr schnell ausgebucht. Es gibt zwei Ausweichmöglichkeiten (neben der Empfehlung, schon rechtzeitig von zu Hause aus zu buchen): Privatquatiere und ein Ausweichen auf Beherbergungsbetriebe in den Kleinstädten vor Prag.

Privatquartiere sind immer sauber, zum Teil komfortabel und verhältnismäßig preiswert. Autofahrer können an entsprechenden Informationskiosken an den Stadträndern buchen bzw. direkt an den Autobahnausfahrten, Zugreisende an ihren Ankunftsbahnhöfen. Die Preise bewegen sich je nach Lage zwischen 33 und 54 DM pro Nacht und Person. Darüber hinaus gibt es an den Hauptverkehrsstraßen zahlreiche neue Motels, aber je näher man der Hauptstadt kommt, desto teurer werden sie. In den Jugendherbergen der Stadt (Auskünfte bei den städtischen Informationsbüros oder beim ehemals staatlichen Reisebüro Čedok) herrscht meistens großes Gedränge.

Auf den Campingplätzen herrscht noch der Charme der frühen fünfziger Jahre. Um keine unliebsamen Überraschungen zu erleben, sollte man seine Erwartungen in puncto Komfort und Service von vornherein herunterschrauben. Wildes Campen ist im übrigen verboten und wird streng geahndet. Ein Stellplatz für Auto und Wohnanhänger kostet generell zwischen 20 und 40 DM. Das Personal spricht in der Regel Deutsch.

UNTERKUNFT – WIE MAN SICH BETTET ...

Hotels

Ausführliche Informationen erteilen die auf S. 93 genannten Hotel- und Zimmervermittlungen sowie einschlägige Reisebüros.

Atrium, Pobřezní 1, ☎ 24 84 11 11. Jüngstes Luxushotel der Stadt. Komplex mit Business-Service-Center, Konferenzsälen, Restaurants. $))

Diplomat, Evropská 15, ☎ 24 39 41 11. Modernes Luxushotel an der Ausfallstraße zum Flughafen. Von hier aus bietet sich ein schöner Spaziergang zum Hradschin an. $))

Forum, Kongresová, ☎ 61 19 11 11. Luxushotel an der Autobahn Richtung Brünn (Brno), gegenüber dem Kulturpalast. Bowlingbahn, Squash-Center, Fitneßräume. $))

Intercontinental, Náměstí Curieových 5, ☎ 24 88 11 11. Hotel mit internationalem Standard. Bankettsäle, Fitneßzentrum, vom Restaurant „Goldenes Prag" wundervoller Blick auf Altstadt und Moldau. $))

Palace, Panská 12, ☎ 24 19 31 11. Aufwendig restauriertes Jugendstilhaus mit Luxusausstattung, nah dem Wenzelsplatz. Französisches Restaurant, Pianobar und Kasino. $))

International, Koulova 15, ☎ 24 39 31 11. Zuckerbäckerstilgebäude in Prag. Eine in den fünfziger Jahren errichtete Schmalspurkopie der Moskauer Lomonossow-Universität, die zunächst als Verteidigungsministerium diente, dann zum Hotel für Staatsgäste umfunktioniert wurde. Gutes Restaurant mit böhmischer und internationaler Küche, in der Weinstube spielt ein Zigeunerensemble. $)

Paříž *(Paris),* U Obecního domů 1, ☎ 24 22 21 51. Opulent ausgestattetes Jugendstilhotel neben dem Repräsentationshaus. 1984 zum „nationalen Kunstdenkmal" erklärt. Ausgezeichnetes Restaurant. $))

Eine liebevoll restaurierte Jugendstilfassade

Negativer Kontrast dazu: Betonklötze an der Stadtperipherie

Ein Blickfang: Hotel Palace

Polyglott **25**

U tří pštrosů *(Zu den drei Straußen),*
Dražického nám. 12, ☎ 24 51 07 79.
Direkt an der Kleinseitner Auffahrt zur
Karlsbrücke gelegenes Hotel. Beein-
druckendes Gebäude aus dem Mittel-
alter mit gutem Restaurant. ⑤⑤

Golf, Plzeňská 215 a, ☎ 52 32 51.
Golfhotel an der Autobahnauffahrt
nach Pilsen. Auch für Nichtgolfer. ⑤

Botels

Eine Prager Besonderheit sind die Ho-
telschiffe – Botels –, die ständig fest in
der Moldau verankert bleiben.

Admiral, Hořejší nábř., ☎ 24 51 16 97.
Ankert an der Smíchover Uferseite.
Zweibettkabinen mit Dusche. Restau-
rant mit Tanz. ⑤

Albatros, Nábřeží Ludvíka Svobody,
☎ 24 81 05 47. Ankert in Zentrums-
nähe. Zweibettzimmer. Diskobetrieb. ⑤

Für Schüler und Studenten

Hostel Estec, Vaníčkorva 6,
☎ 52 12 50. Das Strahover Studentenwohnheim wird in den Ferien in
ein Jugendhotel umgewandelt.
550 Betten. ⑤

Kolej Jednota, Opletalová 38,
☎ 24 21 41 12. Studentenwohnheim
in der Nähe des Hauptbahnhofs. ⑤

Kolej Petrská, Petrská 3,
☎ 2 31 64 30. Ganzjährig geöffnetes
Studentenwohnheim in der Nähe des
Zentrums. Die Unterbringungsmög-
lichkeiten richten sich nach der jeweiligen Belegung durch Studenten. ⑤

Campingplätze

Dušek, Prag-Březiněves, U parku 6,
☎ 8 59 18 25. Nördlicher Stadtrand.
Ganzjährig offen. Tennisplatz, Sauna.

Kotva, Prag-Braník, U ledaren 55,
☎ 46 17 12. Moldauufer, 4 km südl.
des Stadtzentrums. Mitte April bis
Mitte Oktober. Tennisplatz, Fahrrad-
verleih.

Knödel und Bier – noch immer ungeschlagen

Zu Zeiten der Donaumonarchie gehörte es bei Adel und gehobenem Bürgertum zum guten Ton, seine Küche einer
böhmischen Köchin anzuvertrauen. Eine von ihnen – Tante Jolesch – hat es
sogar zu literarischem Nachruhm gebracht: Der österreichische Schriftsteller Friedrich Torberg hielt sie für die
beste Köchin des ganzen Kaiserreichs.
Die Monarchie ist unwiederbringlich
untergegangen, und die Frau in Böhmen, die in der Regel berufstätig ist,
kocht nur noch für ihre Kleinfamilie.
Geblieben ist die böhmische Küche mit
all ihren opulenten Gaumenfreuden.

Trotz der vielen neuen Lokale, trotz des
Heißhungers der Tschechen auf alles
Neue – die heimische Küche beherrscht
nach wie vor der Knödel, meist als
Beilage zu Schweine- oder Sauerbra-
ten. Es gibt ihn in zahlreichen Variatio-
nen, als Kartoffel- oder Semmelknödel,
als Speckknödel und als Obstknödel,
der aus einem Hefeteig zubereitet und
mit Kirschen, Äpfeln oder Pflaumen
gefüllt wird. Zur gutbürgerlichen böhmischen Küche gehört eine Suppe vor-
weg – Kuttelfleck- oder Gulaschsup-
pe – und eine reichhaltige Süßspeise
zum Abschluß – Buchteln, Liwanzen,
Palatschinken. Deftig muß es sein, auch
wenn die tschechische Hausfrau den
Rezepten von einst (10 Eier, 4 Pfund
Mehl, 1 Pfund Butter usw.) heute nicht
mehr uneingeschränkt folgt. Doch die
Erinnerung daran klingt noch in jeder
Soße nach – und eine solche gehört zu
jedem Knödel.

*U Fleků – das Mekka
für alle „Biertouristen"*

26 Polyglott

KNÖDEL UND BIER – NOCH IMMER UNGESCHLAGEN

Wenn sich irgendwo die Abkehr vom sozialistischen Einerlei besonders deutlich zeigt, dann in der Prager Gastronomie. Neue Lokale schießen wie Pilze aus dem Boden, und die Palette des kulinarischen Angebots ist durchaus die einer Weltstadt. Gourmets kommen hier genauso auf ihre Kosten wie die eiligen Touristen, die nur mal schnell im Stehen einen Imbiß verdrücken wollen.

Bei den folgenden Empfehlungen gehen wir allerdings davon aus, daß der Prag-Besucher zunächst erst einmal die heimische Küche kennenlernen will und die nächste Pizza lieber beim Italiener zu Hause zu sich nimmt.

Allerdings wurden mit der Privatisierung der Gastronomie auch einige kulinarische Unarten übernommen, die aber nicht nur für Prag typisch sind.

Wer seinen Hunger noch zügeln kann, sollte sich nach einem bodenständigen Lokal umsehen. Denn die gibt es immer noch, und manchmal liegen sie nur kurz um die Ecke. Wer in Prag schon Bekanntschaften geschlossen oder Freunde gefunden hat, erhält dazu sicher auch so manchen guten Tip.

⌂ Restaurants

Hier kommen Gourmets auf ihre Kosten

U Mecenáše *(Beim Mäzen)*, Malostranké nám., ☎ 53 38 81. Traditionsreichste und schönste Prager Weinstube. Interieur aus dem 17. Jahrhundert. Stammlokal des Henkers, der 1621 die protestantischen Adeligen hinrichtete. Die Speisekarte ist fast genauso illuster wie die Gästeliste (u. a. Tycho Brahe, Alexander Dubček, Willy Brandt, Neil Armstrong, Prinzessin Diana). ⑤⟩⟩

U Malířů *(Zu den Malern)*, Maltézské nám., ☎ 24 51 02 69. Luxusrestaurant in mittelalterlichem Ambiente. Bierausschank seit 1582 belegt. Die Lebensmittel werden täglich aus Frankreich eingeflogen. Exzellente französische Weine. 1987 war hier Juan Carlos von Spanien zu Gast. ⑤⟩⟩

U zlaté hrušky *(Zur goldenen Birne)*, Nový svět 3, ☎ 53 11 33. Luxusrestaurant im malerischen Viertel Neue Welt auf dem Hradschin. Spezialität: Gänseleber. Gehobene bürgerliche Küche und gute Weine. ⑤⟩⟩

U tří pštrosů *(Zu den drei Straußen)*, Dražického nám. 6, ☎ 24 51 07 79. Unmittelbar neben den Kleinseitner Brückentürmen gelegenes, traditionsreiches Hotel und Restaurant. 1597 erbaut, mit imposanter Balkendecke aus dem 17. Jahrhundert. Kleine, aber recht gute Speisekarte mit böhmischen und internationalen Gerichten. ⑤⟩⟩

Parnas, Smetanovo nábř. 2, ☎ 24 22 76 14. In diesem Haus, dem Palais Lažansky, komponierte Smetana seine „Verkaufte Braut". Feines Interieur, grandioser Blick auf Moldau, Kleinseite und Hradschin. Spezialität des Hauses: Beefsteak „Bohemia". ⑤⟩⟩

Valdštejnská hospoda *(Gaststätte Waldstein)*, Tomášská 16, ☎ 53 61 95. Stilvolles Restaurant neben dem Palast des böhmischen Kondottiere. Wildspezialitäten. ⑤⟩⟩

Pelikan, Na příkopě 7, ☎ 24 21 06 46. Am Fuß des Wenzelsplatzes. Große Auswahl, perfekter Service. Besondere Empfehlung: die hausgemachten Mehlspeisen. ⑤⟩⟩

Gut bürgerlich, aber nicht „abgehoben"

Kosher Restaurace Shalom, Maislová 18, ☎ 24 81 09 29. Ehemaliger jüdischer Gemeindesaal. Koscheres Essen. Tischbestellung nötig. ⑤⟩

U Lorety *(Zur Loreto)*, Loretánské nám. 8, ☎ 24 51 01 91. Elegantes Restaurant in der Nachbarschaft des Loreto-Heiligtums und des Czernin-Palais (Sitz des Außenministeriums). Wildspezialitäten, südmährische Weine. ⑤⟩

David, Tržiště 21, ☎ 53 93 25. Sehr gefragte und gemütliche Weinstube in der Nähe der US-Botschaft. Beispiel

28 Polyglott

KNÖDEL UND BIER – NOCH IMMER UNGESCHLAGEN

der neuen Prager Spitzengastronomie. Hausspezialität: „Entenbrust auf Portwein" und Nachspeisen. $

Mucha, Melantrichová 5, ☏ 54 71 00. Neues Restaurant in der Altstadt, das nach dem berühmten tschechischen Jugendstilmaler Alfons Mucha (1860–1939) benannt ist. Entsprechend auch das Ambiente. Böhmische Küche mit Pariser Einschlag – z.B. „Gefüllter Lendenbraten Sarah Bernhardt". $

Klášterní vinárna *(Klosterweinstube)*, Národní třída, ☏ 29 05 96. Gepflegte Weinstube in den Gemäuern des ehemaligen Ursulinerinnenklosters an der Nationalstraße. Lieblingsadresse für Steakfreunde. $

Für den schmalen Geldbeutel

Obecní dům *(Repräsentationshaus)*, Náměstí Republiky, ☏ 24 81 10 57. Dieses französische Restaurant ist schon allein wegen seines wunderschönen Jugendstilinterieurs auf jeden Fall einen Besuch wert. $

U Golema *(Zum Golem)*, Maislová 8, ☏ 2 32 81 65. Gemütliche Weinstube in der Nähe des Alten jüdischen Friedhofs. $

Nebozízek *(Handbohrer)*, Petřínské sady 411, ☏ 53 79 05. Man erreicht dieses Restaurant, das in einem unlängst restaurierten Renaissancepalais untergebracht ist, mit der Kleinseitner Stadtseilbahn. Für die langen Wartezeiten wird man sowohl durch die Speisekarte als auch durch das Panorama vollauf entschädigt. $

U kalicha *(Zum Kelch)*, Na bojišti 12, ☏ 29 19 45. Als Schwejks Stammlokal ist es nur eine literarische Fiktion, sein Autor Jaroslav Hašek hat es nie besucht. Dennoch ist es zu einer Wallfahrtsstätte für Schwejk-Fans aus aller Welt geworden. Pilsener Bier und böhmische Küche. Vorbestellung empfehlenswert, da das Lokal auf dem Programm fast aller Reisegesellschaften steht. $

Wer's koscher mag, geht ins Shalom

KNÖDEL UND BIER – NOCH IMMER UNGESCHLAGEN

U Schnellů *(Bei Schnell)*, Tomášská 2, ✆ 53 20 04. Traditionsreiche, ursprünglich gutbürgerliche Gaststätte – hier waren Zaren und Könige zu Gast – heute allerdings ganz auf Touristen eingestellt. $

Černý kůň *(Schwarzes Pferd)*, Vodičkova 36, ✆ 24 21 26 59. Kellerlokal in der Lucerna-Passage am Wenzelsplatz. Böhmische Küche, Pilsener Urquell vom Faß. $

Cafés

Die Prager Kaffeehäuser waren früher wie in Wien Stammlokale von Künstler- und Literatenzirkel. Heute versucht man an diese Tradition wieder anzuknüpfen.

Arco, Hybernská 16. Hier trafen sich einst Kisch, Kafka und ihre Freunde. Karl Kraus hat dem „Arco" mit seinem Gedicht „Arconauten" ein literarisches Denkmal gesetzt. Nach dem Krieg heruntergekommen und geschlossen, ist es jetzt von amerikanischen Studenten wiedereröffnet worden.

Slavia, Národní třída 1. Hier dichtete Rilke, schrieb Karel Čapek, hier komponierte Smetana, hier traf sich in den zwanziger Jahren die Künstlergruppe „Devětsil", der auch der Lyriker und spätere Literaturnobelpreisträger (1984) Jaroslav Seifert angehörte. Gegenwärtig ist das Café geschlossen. Über die zukünftige Nutzung ist ein heftiger Streit entbrannt, in den sich sogar Präsident Havel eingeschaltet hat.

Evropa, Václavské nám. 25. Herrliches Jugendstilcafé am Wenzelsplatz, in dem die Zeit stehengeblieben zu sein scheint.

Paříž, U Obecního domů 1. Glanzvoll restauriertes Jugendstilcafé.

Malostranská kavárna *(Kleinseitner Kaffeehaus)*, Malostranské nám. Traditionsreiches Café – bis 1918 „Café Radetzký" – in einem Rokokohaus am Kleinseitner Ring. Zwischen den Weltkriegen Treffpunkt deutscher Literaten.

Biertempel

Bier – *pivo* – wird in Prag nicht einfach nur getrunken, das Biertrinken wird zelebriert. Schon das Einschenken wird als hohe Kunst gepflegt. Der Schaum muß so dicht sein, daß ein Bleistift darin stehenbleibt. Und jeder Prager zeigt einem genau die Kneipe, in der der Schankkellner seiner Meinung nach diese Kunst am perfektesten beherrscht. Welche von den vielen heimischen Biersorten, die in Prag angeboten werden – Pilsener Urquell, Budweiser, Gambrinus, Staropramen oder das Starkbier Velkopopovický Kozel u. a. –, am besten schmecken, muß jeder für sich selbst herausfinden. Gezapft wird das Bier fast ausnahmslos in Halblitergläsern. Die Bezeichnungen „8°", „10°", „12°", „13°", „14°" usw. sagen nur indirekt etwas über den Alkoholgehalt aus. Sie geben den Anteil der Stammwürze an, der Alkohol macht davon etwa ein Drittel aus – also ein 12prozentiges Budweiser hat rund 4 Prozent Alkohol.

Wo das Bier besonders mundet

U Fleků *(Beim Fleck)*, Křemencová 11. Das Mekka und unbedingt Muß für alle Prager Biertouristen. Hausbrauerei seit dem Mittelalter. Süffiges Spezialbier. Säle mit historisierenden Wandgemälden, großer Biergarten mit Blasmusik, deftige Küche. $

U zlatého tygra *(Zum goldenen Tiger)*, Husova ulice 17. Stammlokal von Bohumil Hrabal. Im Januar 1994 trafen sich hier Václav Havel und Bill Clinton zu einem Gläschen Pilsener Urquell. $

U Pinkasů *(Beim Pinkas)*, Jungmannovo nám. 15. Im Hause des Fuhrmanns Pinkas wurde 1843 das erste Pilsener Urquell in Prag ausgeschenkt. $

U svatého Tomáše *(Zum hl.Thomas)*, Letenská 12. Ehemalige Klosterbrauerei (seit 1352) mit einem vorzüglichen Schwarzbier (Braník). Gotischer Gewölbesaal und großer Biergarten. $

30 Polyglott

In Prag sind die Nächte lang

Nachts sind in Prag längst nicht mehr alle Katzen grau. Aus der früher eher hausbackenen Abendunterhaltung ist heute eine heiße Nachtszene geworden. Im „Bunkr" zum Beispiel geht ab Mitternacht die Post ab. Dieser zu einer Hard-Rock-Disko umgestaltete kahle Kellerraum in der Altstadt ist längst kein Insidertip mehr. Auf der riesigen Tanzfläche tummelt sich alles, was mit der plüschigen Baratmosphäre, die die Etablissements rund um den Wenzelsplatz aus der sozialistischen Ära ins Heute hinübergerettet haben, nichts zu tun haben will.

Die politische Wende hat auch das Prager Nachtleben kräftig durchgepustet. Die jungen Leute, die in Scharen aus Europa und den USA in die Stadt geströmt sind, haben ihre eigene Auffassung von Unterhaltung, von Musik und Amüsement mitgebracht und geben nun selbstbewußt den Ton an. Wohl kaum eine Stadt auf der Welt kann gegenwärtig mit dem atemberaubenden Tempo Schritt halten, mit dem hier neue Lokale, Bars und Musikschuppen gleichsam aus dem Boden wachsen.

Die Prager Musikszene ist international: Hier spielt eine irische Folk-Gruppe

Wer eine gemächlichere Gangart bevorzugt, der ist auch mit dem Traditionellen gut bedient. Da gibt es die guten alten Varietévorstellungen mit dem obligatorischen Striptease, die exklusiven Tanzbars in den Nobelhotels, die Kontaktdiskos um den Wenzelsplatz für den zahlungskräftigen Geschäftsmann aus dem Westen, die feineren Jazzlokale und zahlreiche Kasinos, die ihre Türen bis in den Morgen offenhalten. Über den Einlaß in Diskotheken wacht ein Zerberus, an dem man in Jeans und Turnschuhen – und stammen sie auch vom teuersten Designer – nicht vorbeikommt, es sei denn, man stockt die

Im U Fleků braut man sein eigenes Bier

IN PRAG SIND DIE NÄCHTE LANG

normale Eintrittsgebühr noch um ein paar Scheinchen auf.

Bars und Diskotheken

Classic Prague Club, Pařížská 4. Szene-Bar mit Yuppie-Anstrich.

Klub Lávka, Novotného lávka 1. InTreff für alle, die sehen und gesehen werden wollen.

Diskoteka Radost, Bělehradská 120. Die absolute Trend-Disko, die jeden Vergleich aushält. Ehemaliger Kinokeller mit einem Ambiente aus den dreißiger Jahren. Auch Modeschauen, Mißwahlen usw.

Image, Pařížská 4. Musiktheater und Disko, jugendliches Publikum.

Starlight, 5. května 65. Großdisko im Kulturpalast.

Ubiquity-London Club, Pařížská 9. Lockerer Szene-Treff mit internationalem Einschlag. Disko mit Live-Bühne, mexikanisches Schnellrestaurant.

Revuetheater

Alhambra Revue, Václavské nám. 5. Traditionelles Varietéprogramm.

Varieté Praga (U Nováků), Vodičkova 30. Das traditionsreichste Prager Varieté, mit internationalen Stars (Artisten, Tänzer, Magier).

Jazz

Prag galt seit langem und gilt noch heute als das lebendigste Jazz-Zentrum auf dem Kontinent. Die Jazzszene bot in der sozialistischen Ära eines der regimekritischen Podien, die die Machthaber vergeblich unter ihre Kontrolle zu bringen versuchten. Heute beeindruckt sie durch die breite Palette ihrer Bands und ihres Repertoires, das vom traditionellen Dixieland einheimischer Provenienz über nostalgischen Swing bis zu den Trendsettern der Avantgarde reicht. In den Klubs gastieren auch Musiker aus Übersee.

Agharta Jazz Centrum, Krakovská 5, ☎ 24 21 29 14.

Amigo Jazz Club, Křížíkova 27, ☎ 24 21 38 17.

Highlander – Blue Note, Národní třída 28, ☎ 24 21 35 55.

Metropolitan Club, Jungmannová 14, ☎ 24 21 60 25.

Reduta, Národní třída 20, ☎ 24 91 22 46.

Press Jazz Club, Pařížská 9, ☎ 2 32 63 55.

Viola, Národní třída 7, ☎ 24 22 08 44. Schönes Jugendstilgebäude.

Rock

Lange Zeit galt John Lennon als das musikalische Idol der regimekritischen Prager Jugend. Dann wurde er von Frank Zappa abgelöst, dessen subversiver Rock die morbide Stimmung in den letzten Tagen des Sozialismus noch deutlicher widerspiegelte. Heute wird in Prag wieder völlig ohne politische Zielrichtung gerockt – just for fun –, aber dafür nicht weniger engagiert und gekonnt.

Bunkr, Lodecka 2. Rockklub und Disko.

Repre klub, Náměstí Republiky 5.

Rock Café, Národní třída 22. Kellerlokal. Avantgarde-Treff, bei dem es erst nach Mitternacht so richtig losgeht. Fast täglich Live-Musik und Hard-Rock-Disko.

Gay

Homosexuelle finden in Prag eine relativ tolerante Atmosphäre. Das war nicht immer so, denn der Sozialismus propagierte – zumindest offiziell – eine repressive Moral. Nähere Informationen beim GIC (Gay Information Centre), Krakovská 3, ☎ 26 44 08. Spezielle Treffpunkte sind u. a.

Tom's Bar, Pemerova 4, ☎ 2 32 11 70, und die Disko **Mercury Gay Club,** Kolinská 11, ☎ 67 31 06 03.

Einkaufsspaß in Prag

Schon zu sozialistischen Zeiten war Prag ein Einkaufsparadies: Da waren zunächst die Nachbarn aus den ehemaligen Ostblockländern, die die stets besser versorgte ČSSR mit ihren Hamsterkäufen überfluteten, und dann natürlich die „Westler", bei denen wegen des guten Umtauschkurses die Deutsche Mark stets locker saß. Daran hat sich einiges geändert, doch für einen ausgedehnten Shopping-Bummel ist die Stadt immer noch eine empfehlenswerte Adresse. Die meisten Geschäfte gruppieren sich um das „Goldene Kreuz" am Fuß des Wenzelsplatzes. Doch Vorsicht: Das „Goldene Kreuz" trägt diesen Spitznamen nicht zu Unrecht – je näher man ihm kommt, desto teurer wird der Einkauf.

Es fängt bei dem böhmischen Exportartikel par excellence an – dem *Kristallglas*. Vor den eleganten Verkaufsgalerien der zahlreichen – nun wieder in Privatbesitz übergegangenen – Glasfabriken bilden sich regelmäßig Schlangen, die an die einstige Mangelwirtschaft erinnern. Sehr gefragt sind auch *Antiquitäten*, doch haben die Händler schon lange begriffen, was Marktwirtschaft bedeutet. Wer also auf ein Schnäppchen hofft, sollte sich einigermaßen auskennen. Mehr Chancen hat man in kleineren Trödelläden abseits des Zentrums oder auf Flohmärkten.

Preiswert sind *Schallplatten* – vor allem Klassik – und deutschsprachige Bücher, wobei die großartigen Kunstmo-

EINKAUFSSPASS IN PRAG

nographien und Fotobände besonders augenfällig sind. Bibliophile machen in den zahlreichen Antiquariaten manch kostbare Entdeckung.

Prag ist eine Stadt der *Mode,* selbst wenn es London oder Paris noch lange nicht den Rang ablaufen kann. Doch das Angebot wird ständig größer, denn die internationalen Modefirmen sehen in der aufstreben Stadt den wichtigsten Absatzmarkt in den Ländern des ehemaligen Ostblocks. Die einheimischen Designer versuchen der geballten ausländischen Finanzkraft mit eigenem Esprit und Mut zum Risiko zu begegnen und sich durch eigenwillige, aber erschwingliche Kreationen einen Platz an der Sonne zu sichern.

Einen guten Ruf genießt z.B. die Prager *Hutmode,* aber auch *Lederhandschuhe* bzw. *-taschen* sind ein guter Tip.

In der Fußgängerzone Na příkopě haben sich elegante Herrenausstatter angesiedelt, am und um den Wenzelsplatz warten elegante Boutiquen auf die Damen mit erlesenem Geschmack und gut gefülltem Geldbeutel.

Für kostbaren *Schmuck* war Prag schon vor dem Krieg eine gute Adresse, und mit der Wende hat auch dieser Geschäftszweig eine kräftige Belebung erfahren. Weniger gut Betuchte halten sich an den tschechischen Modeschmuck, der von Gablonz aus in die ganze Welt exportiert wird.

Antiquitäten

Vladimír Anderle, Křížovnická 1, Václavské nám. 24 und Karlova 8.

Bijouterie und Schmuck

Bijoux de Boheme, 28. října 15, Národní třída 25, Na příkopě 15 und Václavské nám. 53.

Buchantiquariate

Antikvariát u Karlova mostu, Karlova 2.
Antikvariát na Janském vršku, Janský vršek 1.

Glas und Porzellan

Bohemia, Národní třída 43.
Bohemia Crystal, Nerudova 13 und Na příkopě 13.
Bohemia Moser, Na příkopě 12.
Krystalex, Staroměstské nám. 27.

Goldschmiede

Safír, Na můstku (Metrostation).
Luna, Maislová 17.
Granát, Václavské nám. 28.

Kristallüster

Lux, Na příkopě 16.

Kunsthandwerk

Krásná jizba, Národní třída 36.
Hand made, Nerudova 21.

Mode

Adam, Na příkopě 8.
Boutique elegante, Národní třída 19.
Dům elegance, Na příkopě 4.
Dům módy, Václavské nám. 58.
Styl, Národní třída 15.

Modegalerien

Móda (Helena Fejková). Kunst. Mode.
– Rytířská 31, ☎ 24 23 06 14.
– Přemyslovská 29, ☎ 27 17 16.
– Štěpánská 61, ☎ 24 21 15 14.
Art Fashion Gallery, Maislová 21, ☎ 2 31 95 29. Modellkleider und Schmuck.

Münzen

Numismatics Jiří Vandas, Na příkopě 24.

Noten und Musikinstrumente

Dům hudebných nástrojů, Jungmannovo nám. 17.

Schallplatten

Miláček, Václavské nám. 51.
Supraphon, Jungmannova 20.

Puppenspieler auf der Karlsbrücke –
und auch Musik gibt's dazu

34 Polyglott

Reisewege und Verkehrsmittel

Anreise

Mit dem Auto

Die Straßenverkehrsregeln und Verkehrszeichen in der Tschechischen Republik entsprechen generell dem westeuropäischen Standard. Für den Fahrer herrscht absolutes Alkoholverbot. Sicherheitsgurte sind Pflicht. Motorradfahrer müssen einen Helm tragen. Für Pkws und Busse gilt in Ortschaften eine Höchstgeschwindigkeit von 60 km/h, auf Landstraßen 90 km/h und auf Autobahnen 110 km/h. Motorräder dürfen nicht schneller als 80 km/h fahren. Autobahnen sind gebührenpflichtig. Plaketten sind an Grenzübergängen und in Postämtern erhältlich. Die Jahresgebühr für einen Pkw (bis 3,5 t) beträgt 400 KČ.

Mit dem Flugzeug

Der Flughafen Prag-Ruzyně wird von zahlreichen internationalen Fluggesellschaften angeflogen. Bis zur Stadtmitte sind es vom Flughafen etwa 20 Kilometer. Der Flughafenbus der ČSA fährt bis zum Platz der Republik, wo man in die Metro umsteigen kann. Zudem verbinden vier Linienbusse den Flughafen mit der Metro.

Mit dem Zug

Auch auf dem Schienenweg ist Prag näher an Westeuropa herangerückt. Die Fahrzeiten haben sich erheblich verkürzt. Aus Berlin ist man etwa 5 Std., aus München 6,5 Std. unterwegs. Von Hamburg kann man im Schlaf- oder Liegewagen anreisen. Reisebüros bieten oft preiswerte Arrangements (z. B. Weekend-Tarife). Ankunft aus München ist am Hauptbahnhof (Hlavní nádraží) – auch Wilson-Bahnhof (Wilsonovo nádraží) genannt – oder am Masaryk-Bahnhof (Masarykovo nádraží). Die meisten Züge aus Berlin treffen am Bahnhof Holešovice ein.

Auto-Mafia und Parkplatzproblem

Prag ist gegenwärtig eine Metropole des internationalen Autodiebstahls. Polnische und russische Diebesbanden sind darauf spezialisiert, jedes Auto in Sekundenschnelle zu knacken – oft auf Bestellung. Einige Modelle sind besonders gefragt (Audi, Golf GTI, Luxuswagen). Daher ist man am besten bedient, wenn man sein Auto beim Hotel läßt oder auf einem der bewachten Parkplätze abstellt.

Um den historischen Kern vor weiteren Umweltschäden zu schützen, wurde das Stadtzentrum in drei Parkzonen aufgeteilt. Hier dürfen aber nur Fahrzeuge mit Sondergenehmigung parken. Ausgenommen sind Parkplätze mit begrenzter Parkdauer. Auf dem Wenzelsplatz und in den angrenzenden Straßen sind nur Anliegerverkehr und die Anfahrt von Hotelgästen erlaubt.

Am sichersten steht man auf Parkplätzen, die rund um die Uhr bewacht sind, wie etwa auf dem Parkdeck vor dem Hauptbahnhof oder in den Parkhäusern am Kulturpalast im Stadtteil Nusle bzw. am Kaufhaus Kotva (Platz der Republik).

Ein Verzeichnis der Parkplätze erhält man bei seiner Hotelrezeption oder in den städtischen Informationszentren.

Falschparker finden ihr Auto – falls es wirklich die Polizei abgeschleppt haben sollte – entweder auf den Abstellplätzen am Stadion Strahov oder am Messegelände wieder.

REISEWEGE UND VERKEHRSMITTEL

Mit dem Bus

In fast jeder größeren deutschen Stadt bieten Reiseveranstalter Pauschalarrangements für Prag an. Von Wien und München verkehren Linienbusse zum Busbahnhof Florenc (Metroanschluß).

Mit dem Schiff

Die MS „Clara Schumann" und die MS „Theodor Fontane" fahren von der Lutherstadt Wittenberg über Elbe und Moldau nach Prag (6 Tage). Informationen bei: Köln-Düsseldorfer Deutsche Rheinschiffahrt AG, Frankenwerft 15, 50667 Köln, ☏ 02 21/2 08 83 18.

Öffentliche Verkehrsmittel im Stadtverkehr

Die *Metro* (Plan s. S. 45) verkehrt in der Innenstadt zwischen 5 und 24 Uhr im 3-Minuten-Takt, die Straßenbahn fährt die ganze Nacht hindurch. Tickets an Automaten in den Metrostationen und an den Zeitungskiosken. Umsteigen ist nur in der Metro möglich, in Straßenbahnen und Bussen muß man jeweils neu lösen und entwerten. Der Preis für eine einfache Fahrt beträgt 6 KČ.

Eine Fahrt mit dem *Taxi* ist relativ billig. Doch Achtung: Die Prager Taxifahrer sind alles andere als Philanthropen. Die meisten von ihnen betreiben ihr Gewerbe, weil auch sie schnell zu Geld kommen wollen. Die Taxameter sind leicht zu manipulieren, und deshalb sollte man den Fahrpreis im voraus ausmachen.

Bei Autopannen helfen Ihnen rund um die Uhr: ADOS, ☏ 6 73 07 13; Autoturist, ☏ 1 54; Pragis Assistance, ☏ 75 81 15; Automotoclub, ☏ 1 23. Bei Unfällen die Polizei informieren: ☏ 1 58.

Straßenbahn als roter Farbtupfer vor schönen Innenstadtfassaden

Weg 1

Seite 41

Mit der Straßenbahn durch die Jahrhunderte

Vom **Wenzelsplatz zum Hradschin

Wegdauer: 3 bis 8 Stunden je nach Interessenlage

Verkehrsmittel: Ⓜ bis zu Station Můstek

Ziel: Kleinseitner Ring bzw. Metrostation Malostranská

Das absolute Highlight dieses Weges ist natürlich die weltberühmte Prager Burg. Um sie von der Altstadt zu erreichen, benötigte der Krönungzug einst einen ganzen Tag. Heute braucht man dafür nur eine halbe Stunde.

Můstek (dt.: *Brückchen*), der Ausgangspunkt zahlreicher Spaziergänge durch das historische Prag, ist von alters her immer eine Kreuzung gewesen. Wo sich heute die Linien der Metro treffen, stand im Mittelalter eine Stadtmauer mit Burggraben, über den eine Brücke führte, daher der Name. An den Graben, der in der zweiten Hälfte des 18. Jahrhunderts zugeschüttet wurde, erinnert noch die Straße *Na příkopě* (Auf dem Graben) – heute eine elegante Einkaufsstraße –, die in östlicher Richtung verläuft und zum **Pulverturm führt.

Můstek ist die belebteste Schnittstelle zwischen Alt- und Neustadt. Die Neustadt ließ Karl IV. zwischen 1348 und 1350 anlegen. Geht man durch die schmale Melantrichova, ist man gleich am **Altstädter Rathaus. In entgegengesetzte Richtung dehnt sich der gewaltige **Wenzelsplatz (Václavské náměstí), der an seiner Kopfseite vom majestätischen *Nationalmuseum und davor vom Reiterstandbild des hl. Wenzel dominiert wird. Nach Westen zweigen zwei kleinere Straßen ab, die beide zum *Jungmannplatz* (Jungmannovo náměstí) führen, und dort in die Nationalstraße übergehen.

Der Sprachwissenschaftler Josef Jungmann (1773–1847), dessen Denkmal den Mittelpunkt des kleinen Platzes bildet, gilt als der Wiederbegründer des Tschechischen als Literatursprache. Die nach ihm benannte Jungmannstraße (Jungamannova ulice) führt in südliche Richtung zum Karlsplatz mit dem **Neustädter Rathaus. Wenige Schritte hinter dem Denkmal befindet sich der Eingang zur *Kirche Maria im Schnee,* deren Bau 1347 unter Karl IV. begonnen, aber nie vollendet wurde (s. Weg 5: **Wenzelsplatz).

Nationalstraße *(Národní třída).* Diese Straße, die ebenfalls über dem zugeschütteten Stadtgraben errichtet wurde und in Richtung Westen zum Moldaukai führt, gehört zu den markantesten Flaniermeilen der Stadt. Galerien, Boutiquen und Feinkostläden bestimmen ihr Bild. Ihre Architektur besticht durch ein geglücktes – für Prag so typisches – Miteinander der unterschiedlichsten Stile. Die Ecke zur Jungmannova beherrscht der wuchtige *Palast Adria,* ein im Stil venezianischen Palästen nachempfundener Mehrzweckbau, der zwischen 1923 und 1925 errichtet wurde. Das gegenüberliegende Empiregebäude, das *Haus Platýz* (Nr. 37), war das erste Prager Mietshaus. 1840 bis 1846 konzertierte hier Franz Liszt. Die nächste Kreuzung wird durch zwei moderne Gebäude geprägt, das *Kaufhaus Maj* (1975) und das *Haus des Kinderbuches* (1966–1970).

Das einzige sakrale Ensemble dieser Straße bildet das *Kloster St.Ursula* mit der nach Entwürfen von M. A. Canevale (1702–1704) errichteten Barockkirche. Die *Klosterweinstube* (Klášterní vinárna) ist mehr als einen Besuch wert.

Auf der gegenüberliegenden Straßenseite bestechen zwei liebevoll und sorgfältig restaurierte Jugendstilfassaden: das *Topič-Haus* und das Haus der ehe-

38 Polyglott

WEG 1

maligen *Versicherungsgesellschaft Praha* (Entwurf Osvald Polívka, Reliefs Ladislav Šaloun). Den Abschluß dieser Straßenseite bilden zwei Neorenaissancebauten: der Sitz der Akademie der Wissenschaften (Nr. 3 und 5) und das Eckgebäude an der Legionsbrücke, der Palast Lažanský mit dem traditionsreichen Literatentreffpunkt *Café Slavia* (s. dazu S. 30).

Das barocke Waldstein-Palais

Die eigentliche städtebauliche Dominante der Nationalstraße aber ist das gegenüber dem Café liegende

★★Nationaltheater *(Národní divadlo)* ❶ mit seinem modernen Erweiterungsbau, der Neuen Szene (Nová Scéna). Es ist das Monument der tschechischen nationalen Wiedergeburt schlechthin. Sein Platz am Moldaukai – etwa in der Mitte zwischen ★★★Burg und Hradschin – ist äußerst symbolträchtig gewählt. An seiner Errichtung hat die ganze Nation Anteil genommen. Der Grundstein wurde eigens aus dem Gestein des Berges Říp, dem mythischen Stammsitzes des Urvaters Čech, gemeißelt und am 16. Mai 1868 von František Palacký, dem Historiker der tschechischen Nation, und Bedřich Smetana, dem Nationalkomponisten, gemeinsam seiner Bestimmung übergeben.

Am 15. Juni 1883 erlebte das von Josef Zítek entworfene Theater mit Smetanas Oper „Libuše" seine triumphale Eröffnung, aber schon zwei Monate später fiel es einem Brand zum Opfer. Kaum zwei Jahre später war es wiederaufgebaut. Die finanziellen Mittel für den Wiederaufbau wurden zum größten Teil durch private Spenden aufgebracht.

St.-Loreto-Kirche: Casa Santa

Zwischen 1977 und 1983 wurde das Haus vollständig rekonstruiert und die technische Bühneneinrichtung modernisiert. Dank geschickter

Blick auf das Nationaltheater

Polyglott **39**

WEG 1

Restauratorenhände präsentiert sich das Nationaltheater heute wieder wie an seinem Eröffnungstag. An seiner Ausgestaltung hatten sich seinerzeit alle bedeutenden tschechischen Künstler beteiligt. Die Figurengruppen an den Außenfassaden stammen von Bohuslav Schnirch, Josef Tulka, Anton Wagner und Josef Václav Myslbek. Das Innere wird von patriotischen Szenen beherrscht, mit teils mythologischer, teils historischer Thematik (Julius Mařák, Václav Brožík), sowie von allegorischen Darstellungen der Schönen Künste (František Ženíšek). Der gewaltige eiserne Vorhang (Vojtěch Hynais) wiegt 8,5 Tonnen, der Lüster 1,3 Tonnen.

Während der Restaurierungszeit wurde auch die **Neue Szene** nach Entwürfen von K. Prager als Spielstätte für moderne Stücke errichtet. Das Haus, dessen Aluminium- und Glasfassade dem unbedarften Betrachter angesichts des historischen Gesamtensembles einiges zumutet, beherbergt neben der neuen Bühne die Betriebs- und Wirtschaftsräume des Nationaltheaters. Die Neue Szene ist seit einigen Jahren auch die Heimatbühne der **Laterna Magika.**

Legionsbrücke *(Most Legií).* Von hier eröffnet sich ein überwältigendes Panorama: Flußabwärts reicht der Blick vom Smetana-Ufer mit dem Smetana-Museum über die Karlsbrücke und die Kleinseite bis zur Prager Burg mit dem majestätischen St.-Veits-Dom; flußaufwärts bis zum Vyšehrad, dem sagenumwobenen Stammsitz der Stadtgründerin Libuše. Der Mittelpfeiler der Brücke ruht auf der **Schützeninsel** *(Střelecký ostrov),* auf der schon im Mittelalter die Schützengilde ihre Wettbewerbe auszutragen pflegte.

Kaum weniger geschichtsträchtig ist die nur wenige Meter flußaufwärts gelegene **Slawische Insel** *(Slovanský ostrov),* auf der 1848 der Slawenkongreß stattfand.

Bis 1930 stand hier auch die Šítka-Wassermühle, von der nur noch der Turm übriggeblieben ist. An ihrer Stelle wurde das **Mánes-Haus** (benannt nach dem Landschaftsmaler Josef Mánes, 1820–1871) errichtet, das den bedeutendsten Ausstellungssaal Prags für moderne Kunst beherbergt.

Vor dem Café Slavia hält die Straßenbahn (Linie 22), die durch den Stadtteil Kleinseite bis zum höchsten Punkt des Burgberges hinauffährt – eine kleine Stadtrundfahrt mit ungewöhnlichen Perspektiven. Die Fahrt geht zunächst über die Legionsbrücke, vorbei an der Talstation der Standseilbahn zum **Laurenziberg** *(Petřín),* durch die Straße Újezd, bis zum **Kleinseitner Ring** ❷ mit der mächtigen **St.-Niklas-Kirche** ❸.

Der Kleinseitner Ring mit dem ehemaligen Kleinseitner Rathaus ist ein geschlossenes Barock- und Rokoko-

40 Polyglott

WEG 1

ensemble. Von dort führt die Nerudova (für Autos gesperrt) direkt zur Burg hinauf. In unmittelbarer Nähe liegt das *Waldstein-Palais. Die Straßenbahnfahrt führt an der südlichen Mauer dieses Palastes vorbei und erreicht dann wieder die Moldau. Anschließend geht es im großen Bogen um das Burgareal herum bis auf den Burgberg (Station „Gedenkstätte des nationalen Schrifttums"). Von hier ist es nur ein Katzensprung zum *Kloster Strahov ❹ mit seiner herrlichen Barockbibliothek, die einen Extrabesuch wert ist.

Der Weg hinunter zur Burg führt zunächst über den **Loreto-Platz ❺, einen der schönsten Plätze Prags. Benannt ist er nach der *Kirche St. Loreto,* einem barocken Wallfahrtsheiligtum, das im Zuge der Gegenreformation von

❶ Nationaltheater
❷ Kleinseitner Ring
❸ St.-Niklas-Kirche
❹ Kloster Strahov
❺ Loreto-Platz
❻ Palais Schwarzenberg
❼ Erzbischöfliches Palais
❽ Prager Burg
❾ Waldstein-Garten
❿ Neruda-Gasse
⓫ St.-Maria-de-Victoria-Kirche
⓬ Insel Kampa
⓭ Karlsbrücke
⓮ St.-Franziskus-Kirche
⓯ St.-Salvator-Kirche
⓰ Smetana-Museum

Seite 41

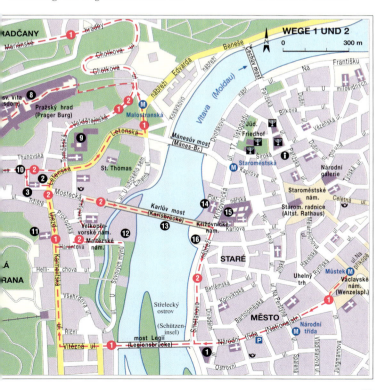

WEGE 1 UND 2

Polyglott **41**

WEG 1

Von Macht und Menschen

Prag besitzt zwei Niklaskirchen. Beides barocke Prunkbauten, beides Werke Christoph Dientzenhofers. Beide zählen zu den Höhepunkten der sakralen Architektur in Böhmen. Die eine Kirche steht am Altstädter Ring, die andere am Kleinseitner Ring. Wer flott geht, braucht gerade mal zehn Minuten, um von der einen zur anderen zu gelangen.

Gemessen an Zahl und Ausstattung ihrer Kirchenbauten müßte die böhmische Hauptstadt zu den frömmsten Metropolen der Welt gehören. Doch der Schein trügt bekanntlich manchmal. Hinter der Duplizität der Niklaskirche steht zunächst einmal die politische Rivalität der Prager Städte untereinander, die ja bis zu ihrer Vereinigung 1784 völlig selbständige Verwaltungseinheiten darstellten. Keine wollte der anderen in irgendetwas nachstehen. Aber mußten es gerade Sakralbauten sein, um weltliche Macht und Bedeutung so augenfällig zu machen? Ja und nein. Schon die vielen Adelspaläste zeigen, daß auch die weltliche Herrschaft durchaus imstande war, sich architektonisch angemessen in Pose zu setzen.

Doch mit den Kirchen hat es noch eine andere Bewandtnis. Prag ist kirchengeschichtlich untrennbar mit der hussitischen Bewegung verbunden. Nach dem Ketzerurteil über Johannes Hus auf dem Konzil von Konstanz (1415) und seiner anschließenden Verbrennung kam es zu einer antirömischen Revolution, die nicht nur die kirchlichen Strukturen in den böhmischen Ländern in Frage stellte, sondern ganz Europa mitzureißen drohte. Zwei Jahrhunderte lang existierte in Böhmen und Mähren eine von Rom unabhängige Kirche, der dann vom gegenreformatorischen Lager im Dreißigjährigen Krieg der Garaus gemacht wurde.

Schaltstelle der Gegenreformation war das Clementinum, ein an der Altstädter Seite der Karlsbrücke errichtetes Jesuitenkloster, das wie eine ideologische Zwingburg den Königsweg zu überwachen scheint. Von hier aus wurde die Ausmerzung des Protestantismus und die gewaltsame Vertreibung seiner Anhänger aus den böhmischen Kronländern geplant und systematisch betrieben.

Ein genialer propagandistischer Schachzug in diesem Machtspiel war die Hochstilisierung des „Brückenheiligen" Johannes von Nepomuk zum Schutzpatron des Landes, der im Volksbewußtsein die Erinnerung an Johannes Hus verdrängen sollte – hier der auf dem Scheiterhaufen verendete Ketzer, dort der in der Moldau ertränkte kirchentreue Märtyrer, wahrlich ein Gegensatz wie Feuer und Wasser. Es ist sicher bezeichnend, daß der jüngste Märtyrer der tschechischen Geschichte, Jan Palach, der sich aus Protest gegen die Besetzung des Landes auf dem Wenzelsplatz verbrannte, den Weg des Johannes Hus in den Tod wählte.

Aber dem hl.Nepomuk allein traute man die seelsorgerische Aufsicht über das aufmüpfige Kirchenvolk doch nicht so ganz zu. Noch während des Dreißigjährigen Krieges wurden deshalb zwei grandiose Marien-Wallfahrtsstätten gestiftet, denen man wundertätige Wirkung zusprach: das Loreto-Heiligtum mit seiner *Casa Santa* oberhalb der Burgareals und die Kirche St. Maria de Victoria mit dem *Prager Jesulein* unweit des Kleinseitner Rings.

Vom ideologischen Standpunkt aus betrachtet, präsentiert sich der Königsweg, der vom Pulverturm in der Altstadt bis zur Burg hinaufführt, als eine von den Insignien rechtgläubiger Frömmigkeit gesäumte Auffahrtsallee der weltlichen Herrschaft. Die Altstädter Brückenrampe bewachen gleich zwei Kirchen, die Kreuzherrenkirche

42 Polyglott

mit Kloster und die Salvatorkirche, die zum Clementinum gehört.

Die einstigen hussitischen Kirchen erfuhren unterschiedliche Behandlung: Während man an der Teynkirche nur den goldenen Kelch, das Symbol der hussitischen Reformbewegung, gegen eine Madonna auswechselte, wurde die Bethlehemskapelle, die Predigtstätte des Prager Magisters Johannes Hus, dem Erdboden gleichgemacht. In den fünfziger Jahren konnte sie nach alten Stichen rekonstruiert werden.

Schon Karl IV. hatte die Nähe von Thron und Altar betont, indem er den Königspalast der Burg mit dem St.-Veits-Dom verband. Der Dom zeigt Stilelemente aller kunsthistorischen Epochen von der Romanik bis zur Neugotik. Auf romanischen Grundmauern wurde ein gotisches Schiff errichtet. Die Gotik des Hauptturms reicht allerdings nur bis zu 58 m Höhe. Darüber wölbt sich ein barockes Zwiebeldach – ein Stilgemisch für das es keinen historischen Vergleich gibt. Vollendet wurde die Kathedrale erst im bürgerlichen Zeitalter, Anfang des 20. Jahrhunderts.

Die Burg ist bis heute das politische Zentrum des Landes geblieben, der Kirche hingegen haben vor allem die Jahrzehnte seit dem Untergang der Habsburgermonarchie ein wechselvolles Schicksal beschert. Während der Republikgründer Tomáš G. Masaryk sich vom Katholizismus aus Protest gegen dessen historische Rolle distanzierte und die Gründung einer eigenen tschechischen Kirchlichkeit förderte, wollte das sozialistische Regime Kirchen und Klöster nur noch als museale Einrichtungen gelten lassen. Präsident Havel hingegen, selbst Katholik, bemüht sich um ein neues Verhältnis zur Kirche, wenn auch in der Bevölkerung über die Rückgabe des kirchlichen Eigentums gegenwärtig heftig gestritten wird.

Erzbischöfliches Palais

Gemälde im ehem. Konvent neben der St.-Georgs-Basilika

St.-Veits-Dom: In der Johannes-von-Nepomuk-Kapelle

WEG 1

1

Seite **41**

Von Macht und Menschen

Havel selbst sieht sich als Bürgerpräsident und stützt sich politisch – wie schon seine Vorgänger Masaryk und Beneš – nicht auf eine bestimmte Partei, sondern auf eine große Koalition von gesellschaftlichen Kräften. „Vaschek", wie man ihn im Volk nennt, hat seine Stadtwohnung beibehalten und liebt es, auf ein Bier in seiner Stammkneipe vorbeizuschauen. Per Wahl notgedrungen zum Berufspolitiker avanciert, ist er doch bemüht, menschliches Augenmaß zu bewahren.

Von alters her siedelte der Adel in unmittelbarer Nachbarschaft des Landesherrn. Oberhalb und unterhalb der Burg stehen die Paläste und Residenzen dicht an dicht. Einer, der in dieser Hinsicht fast zu kurz gekommen wäre, war der neureiche Konjunkturritter Albrecht von Waldstein (nur bei Schiller Wallenstein). Platz fand er nur noch ganz unten, unmittelbar an der Moldau, und auch das nur, weil er dort ganze Häuserzeilen abreißen ließ. Dafür sollte sein Prachtbau, für den er eine Gruppe italienischer Architekten ins Land beordert hatte, den Königspalast sogar noch in den Schatten stellen. Leider war es ihm nicht vergönnt, ihn auch noch als Altersruhesitz zu nutzen.

Noch um einiges höher als die Burg selbst steht auf dem Burgberg das Kloster Strahov. Schon sein Name ist bezeichnend. Er leitet sich von „strahovati" her, was soviel wie „bewachen" bedeutet.

Im Mittelalter außerhalb der Stadtmauer gelegen, sollte es den Zugang zur Königsburg sichern. In einer späteren Epoche hat dieses „bewachen" jedoch einen andere Sinn bekommen.

Gegründet wurde das Kloster nämlich von den Prämonstratensern, die innerhalb des Katholizismus eine weit liberalere Gesinnung vertraten als die Jesuiten. Bei ihnen wurden keine verbotenen Schriften verbrannt, sondern aufbewahrt, notfalls auch in besonderen Verstecken untergebracht. Heute beherbergt dieses Kloster einen der größten Bibliotheksbestände der Welt, und seit 1953 ist hier auch das „Museum des nationalen Schrifttums" untergebracht.

Die bauliche „Krone" im negativen Sinne setzten dem Ganzen aber wie zum Hohn dann die Kommunisten auf: mit einem Sportstadium, das nun wirklich ganz oben auf der Bergkuppe steht. Es ist die größte Arena der Welt, mit einem Fassungsvermögen von 200 000 Zuschauern. Die Anlage wurde für eine Spartakiade gebaut und steht seitdem lediglich ungenutzt herum, von Polospielen und gelegentlichen Popkonzerten abgesehen – ein Riesenkomplex, imposant und lächerlich zugleich.

Prags gewaltige Architektur nötigt jedem Besucher Bewunderung ab. Doch diese ist durchaus zwiespältig. Die nationale tschechische Geschichtsschreibung beschreibt z.B. das Barock, also die Periode größter baulicher Prachtentfaltung in Böhmen, als „Temno", als „Dunkelheit". Damit legt sie den Finger in die Wunde dieser grandiosen Epoche. Sie gibt zu bedenken, daß jedes dieser Meisterwerke auf den Gebeinen der Andersdenkenden errichtet wurde.

einer adligen Gönnerin gestiftet wurde. Den religiösen und architektonischen Mittelpunkt des Heiligtums bildet die **Casa Santa** (Giovanni Battista Orsini, 1626–1631), eine Nachbildung der im mittelitalienischen Loreto von Braman-

te errichteten Wallfahrtskapelle. Der Legende nach handelt es sich um das Wohnhaus der Jungfrau Maria, das im Jahre 1295 von Engeln in einen Lorbeerhain (Lauretum) bei Ancona getragen worden war. Zum Schutz der Wall-

WEG 1

fahrer wurden zunächst Wandelgänge um die Casa Santa errichtet, in die dann Christoph Dientzenhofer zwischen 1717 und 1722 die prächtige Barockkirche eingliederte. Der erste Stock des Westflügels beherbergt die Schatzkammer des Heiligtums mit der berühmten „Diamantenmonstranz".

Das monumentale Bauwerk auf der linken Seite des Platzes ist das **Czernin-Palais,** das auf Entwürfe (1668–1688) von F. Caratti zurückgeht, nach 1720 von M. Kaňka umgestaltet (barocke Gartenanlage) und Mitte des 18. Jahrhunderts von Anselmo Lurago 1744 bis 1749 mit Rokokoelementen (Frontportale, Orangerie) versehen wurde.

Dem Bauherrn Humprecht Johannes Czernin, österreichischer Gesandter in Venedig, brachte der Palast allerdings wenig Glück: Seinem kaiserlichen Dienstherrn Leopold I. mißfiel, daß er deutlich größer ausgefallen war als sein eigener Amtssitz, die Prager Burg. 1742 durch französische und 1758 durch preußische Besatzungstruppen

Blick auf den St.-Veits-Dom

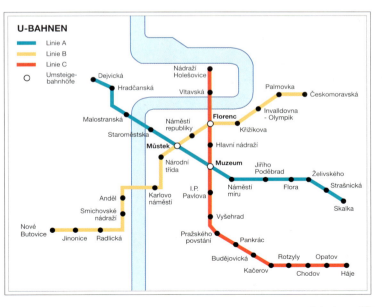

Polyglott **45**

WEG 1

(1758) schwer beschädigt, diente das Palais im 19. Jahrhundert als Kaserne, bevor es nach vollständiger Rekonstruktion (1928–1934) zum Sitz des Außenministeriums avancierte. 1948 erlangte es als Ort des Dritten Prager Fenstersturzes traurige Berühmtheit:

Am 10. März fand man Jan Masaryk, den Sohn des Republikgründers und amtierenden Außenminister, tot im Innenhof. Die Umstände – ob Mord oder Selbstmord – konnten bis heute nicht geklärt werden.

Unterhalb des Loreto-Platzes schließt sich der Stadtteil **Neue Welt** *(Nový Svět)* an, der lange Jahre ein eher trostloses Dasein fristete, bis ihn Künstler und Kunsthandwerker für sich entdeckten. Das einstige Armenviertel bezaubert durch seine verwinkelten Gassen, die kleinen barocken Vorstadthäuser und nicht zuletzt durch einige sehr ansprechende Restaurants.

Der Hradschin und die ***Prager Burg

Das Burgareal betritt man von Westen über den

Hradschiner Platz *(Hradčanské náměstí)*. Er bildet das Zentrum der Burgstadt *Hradschin* (Hradčany). Der als Vorburg gegründete Hradschin erhielt als dritte der Prager Städte 1320 ein eigenes Stadtrecht und hat bis heute seinen mittelalterlichen Grundriß beibehalten. Nach dem verheerenden Brand von 1541 mußten die Bürgerhäuser Adelspalästen weichen.

An andere Schicksalsschläge in der Geschichte Prags erinnert die *Mariensäule* in der Mitte des Platzes, die als Dankesgabe für die Verschonung vor der Pest errichtet wurde (F. M. Brokoff, 1726).

Die Sgraffiti mit dem kaiserlichen Wappen am *Hradschiner Rathaus* (Anf. 17. Jh.) dokumentieren die einstige Bedeutung des Hradschin als königliche Stadt.

Das *Palais Toscana* (J. B. Mathey, Ende 17. Jh.) an der Westseite des Platzes gehörte bis 1918 den Herzögen der Toscana. Das benachbarte *Palais Martinitz* (aus dem 16. Jh., nach 1620 erweitert) ist heute Sitz des Chefarchitekten der Stadt.

Je näher man der Burg kommt, desto beeindruckender wird die Architektur: Die Südseite des Platzes beherrscht das *Palais Schwarzenberg ❻, in dem das Museum für Heeresgeschichte untergebracht ist. Der Sgrafittodekor dieses Renaissancebaus geht auf venezianische Vorbilder zurück. Ihm gegenüber liegt das *Erzbischöfliche Palais ❼, ursprünglich ebenfalls ein Renaissancebau, der später im Frühbarockstil umgebaut wurde (J. B. Mathey, 1675 bis 1679) und 60 Jahre später noch eine Rokokofassade (J. J. Wirch) erhielt. Das *Sternberg-Palais*, das sich etwas rückwärts versetzt an den kirchlichen Amtssitz anschließt, ist Sitz der Nationalgalerie mit einer wichtigen Sammlung europäischer Maler und Bildhauer vom Mittelalter bis zur Moderne.

Vor der *Burgrampe*, dem wohl meistbesuchten Aussichtspunkt des Landes überhaupt, mündet die *Neruda-Gasse in den Hradschiner Platz. Von der Rampe hat man einen herrlichen Ausblick auf die Stadt und den benachbarten Laurenziberg (Petřín). Hier bog der Krönungszug ins Burgareal ein und begann damit seine letzte Etappe, die mit der Erbhuldigung im St.-Veits-Dom abschloß.

***Prager Burg ❽. Dieses größte geschlossene Burgensemble der Welt ist unbestritten die bedeutendste historische Sehenswürdigkeit des Landes. Als Sitz von Kaisern und Königen, Kardinälen und Präsidenten bildet es seit

A	erster Burghof
B	zweiter Burghof
C	dritter Burghof
D	St.-Veits-Dom
E	Königlicher Palast
F	St.-Georgs-Basilika

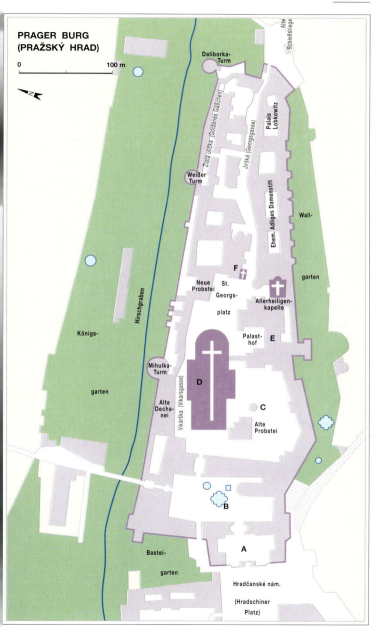

WEG 1

mehr als tausend Jahren das politische und kulturelle Zentrum der Nation. Die Silhouette des Gebäudekomplexes prägen die von Maria Theresias Hausarchitekten Nicolaus Pacassi im klassizistischen Stil errichteten Flügel, über denen sich die Türme des St.-Veits-Doms erheben. Mit ihren glatten, hohen Mauern ähnelt die 450 Meter lange und 150 Meter breite Anlage eher einem Schloß als einer Burg.

Seit ihrer Gründung durch Herzog Bořivoj aus dem Geschlecht der Přemysliden im letzten Viertel des 9. Jahrhunderts war die Burg zugleich immer auch kirchliches Machtzentrum. Davon zeugen die Reste der Marienkirche, die um 890 datiert werden. 921 wurde die Georgskirche errichtet, nach 925 die St.-Veits-Rotunde, an deren Stelle im 11. Jahrhundert eine romanische Basilika entstand. Mit der Ernennung der Burg zum Bischofssitz 973 setzte Rom ein Zeichen für eine systematische Christianisierung der noch weitgehend heidnischen Slawen.

Als Vladislav II. 1158 König von Böhmen wurde, machte er aus seinem Fürstensitz den Königspalast. Unter Karl IV. (1346–1378), der Prag zum Zentrum des Reiches erhob, wurden dann die Weichen für die weitere architektonische Entwicklung der Stadt gestellt: Er ließ die Residenz großzügig ausbauen und legte den Grundstein für den St.-Veits-Dom. Seine Nachfolger zeigten allerdings weniger Interesse an der Burg und residierten statt dessen im Königshof in der Altstadt. Erst der Jagellone Vladislav (Vladislav II. Jagello) zog wieder auf die Burg und gab Erweiterungen in Auftrag. Die Renaissance hielt im großen Stil unter den Habsburgern Einzug, die 1526 den böhmischen Thron bestiegen. Unter Rudolf II. (1576–1612), der Europas wissenschaftliche und künstlerische Elite an seinem Hof versammelte, stieg Prag noch einmal zum Mittelpunkt des Reiches auf. Doch dauerte die Herrlichkeit nicht lange. Nach dem Dreißigjährigen Krieg verlegten die Kaiser ihren Sitz wieder nach Wien, und Prag erfreute sich in den folgenden Jahrhunderten nur noch gelegentlicher Herrscherbesuche. Immerhin gab Maria Theresia, die sich 1743 in Prag krönen ließ, den Auftrag zu den Umbauten, die das Erscheinungsbild des Palastes bis heute bestimmen. Seit 1918 ist er Sitz des Staatspräsidenten.

Die Baugeschichte der Kathedrale gestaltete sich noch komplizierter als die des Palastes, wie schon das barocke Zwiebeldach auf dem gotischen Körper des Hauptturms von ferne zeigt: Nach mehrfachen Unterbrechungen der Bauarbeiten im Laufe der Jahrhunderte konnte mit ihrem Endausbau erst 1873 begonnen werden. 1929 war sie dann endgültig fertiggestellt.

Der *erste Burghof* („Ehrenhof") [A], den zwei kämpfende Giganten (2. Hälfte d. 18. Jhs., seit 1912 Kopien) bewachen, entstand nach einem Entwurf von Nicolaus Pacassi zwischen 1763 und 1771. Initiiert hat seinen Bau, der das Areal nach Westen abschließt und in den das Matthiastor von 1614 einbezogen wurde, Maria Theresia.

Auch der *zweite Burghof* [B], der in der zweiten Hälfte des 16. Jahrhunderts angelegt wurde, erhielt sein endgültiges Aussehen durch Pacassi. Das Erdgeschoß des Nord- und das des Westflügels wurden 1964 zur Burggalerie zusammengefaßt, in der noch Werke aus der berühmten Rudolfinischen Sammlung zu sehen sind. Der Spanische Saal und die Rudolf-Galerie in den oberen Etagen sind der Öffentlichkeit nur selten zugänglich. Den südlichen Bereich des Hofes bestimmt die von Anselmo Lurago errichtete *Heiligkreuzkapelle,* die den Domschatz mit Reliquien und liturgischen Gerätschaften aus der Zeit Karls IV. beherbergt.

Der *dritte Burghof* [C] gehört zum ältesten Bestand der Burganlage. Archäologische Ausgrabungen haben hier Reste der ursprünglichen Anlagen aus dem 9. Jahrhundert zutage gefördert. In seiner jetzigen Form wurde der Hof

48 Polyglott

von J. Plečnik (1925–1928) gestaltet. Der *Monolith* erinnert an die Opfer des Ersten Weltkriegs, die *Reiterstatue des hl.Georg* (Georg und Martin von Klausenburg, 1373) gilt als ein Meisterwerk gotischer Bildhauerkunst. Alles aber überragt der

**St.-Veits-Dom [D]. Nähert man sich dem gigantischen Bau vom zweiten Burghof, so wird der Blick durch seine himmelstrebende Architektur unvermittelt in die Höhe gezogen. In diesem monumentalen Bauwerk mit seinem 124 Meter langen und 34 Meter hohen Innenraum – zugleich Metropolitankirche und Grabstätte weltlicher Herrscher – vereinigen sich drei verschiedene Stilepochen, Gotik, Renaissance und Barock, zu einem harmonischen Gesamtkunstwerk, in dem aber auch Werke moderner Künstler ihren Platz gefunden haben.

Der prächtige Eingang zum ersten Burghof

Die erste Bauetappe (1344–1352) des gotischen Doms, der auf den Resten zweier romanischer Vorgängerbauten errichtet wurde, leitete der französische Architekt Matthias von Arras. Ihm folgten bis 1406 Peter Parler und dessen Söhne. In dieser Zeit entstanden der Ostteil mit dem von einem Netzrippengewölbe überspannten Chor, der von einem Kranz von Kapellen umgeben ist, sowie ein Teil des Glockenturms mit dem Goldenen Tor (Südportal). Auch die Plastiken im Innenraum werden der Parlerschen Bauhütte zugeschrieben.

Im dritten Burghof kämpft der hl. Georg mit dem Drachen

Die Hussitenkriege unterbrachen den Bau für anderthalb Jahrhunderte. In den Jahren danach erhielt der Turm seinen Renaissancehelm, Pacassi fügte 1770 die barocke Zwiebelkuppel hinzu.

Der gesamte Westteil (Langhaus, Nord- und Südturm, Haupteingang) wurde erst zwischen 1873 und 1929 von Josef Mocker und K. Hilbert errichtet, allerdings nach historischen Vorlagen.

Das Palais Schwarzenberg am Hradschiner Platz

WEG 1

Prager Baumeister

Zum Nachfolger des verstorbenen Dombaumeisters Matthias von Arras machte Karl IV. 1356 den jungen *Peter Parler* (1330–1399), der als Referenz kaum mehr als seine Herkunft aus einer der berühmtesten deutschen Baumeister- und Bildhauerfamilien, den Parlern aus Schwäbisch Gmünd, vorweisen konnte. Doch Parler sollte das Vertrauen des Kaisers mehr als rechtfertigen. Ihm gelang es, die machtpolitischen Visionen des Herrschers kongenial in Stein umzusetzen. Die von ihm und seiner Bauhütte entwickelte „Parler-Gotik" wurde für ganz Europa stilbildend.

Schon bei der Umsetzung des ersten Auftrages konnte sich seine Meisterschaft voll entfalten: Den von Matthias begonnenen St.-Veits-Dom entwickelte er mit der Konstruktion eines filigranen Netzrippengewölbes über dem Chor und dem lichtdurchfluteten Obergaden völlig eigenständig weiter. Sein bedeutendstes profanes Bauwerk schuf er mit dem Altstädter Brückenturm. Kunstgeschichtlich bahnbrechend sind auch seine bildhauerischen Arbeiten, wie vor allem die 21 Triforiumsbüsten des Doms – darunter auch ein Selbstporträt – belegen.

Peter Parler, der im St.-Veits-Dom bestattet liegt, hinterließ fünf Söhne, die sich in der Führung der Bauhütte ablösten. Arbeiten seiner Nachkommen sind über drei Generationen in ganz Mitteleuropa nachzuweisen.

Die zweite große Baumeisterfamilie, die das architektonische Gesicht der Stadt entscheidend mitgeprägt hat, sind die Dientzenhofers.

Zunächst war es der aus Bayern stammende *Christoph Dientzenhofer* (1655–1722), der als einziger von fünf Brüdern in der böhmischen Metropole seßhaft wurde und hier – gemeinsam mit Fischer von Erlach – zum „Vater des deutschen Spätbarock" avancierte.

Sein Meisterstück ist der barocke Prunkbau der St.-Niklas-Kirche auf der Prager Kleinseite, den er zusammen mit seinem Sohn *Kilian Ignaz Dientzenhofer* (1689–1751) verwirklichte.

Der in Prag geborene Kilian Ignaz war nach Studienaufenthalten in Wien, Paris und Italien in seine Heimatstadt zurückgekehrt, um hier ab 1720 zum ungekrönten Meister des böhmischen Spätbarock aufzusteigen. Obwohl er auch zahlreiche Profanbauten schuf (in Prag Villa Amerika, Palais Sylva-Taroucca), galt sein Hauptinteresse doch dem Kirchenbau, in dem er seine Genialität voll entfalten konnte.

Heute betritt man den Dom in der Regel von seiner jüngsten Seite her, der *Westfassade*. Die Bronzetüren zeigen Szenen aus der Baugeschichte der Kathedrale sowie Motive aus den Wenzels- und Adalbert-Legenden. Die farbige Fensterrosette, die die Schöpfung thematisiert, entwarf 1929 F. Kysela.

Im Innern sieht man zuerst die großen Farbfenster, die von führenden tschechischen Künstlern (Max Švabinský, Alfons Mucha) ausgeführt wurden. Über der Pfeilerarkade verläuft das (nicht zugängliche) *Triforium*, ein In-

nenumgang, mit einer Galerie von Porträtbüsten, die u. a. Herrscher und Dombauherren der böhmischen Geschichte darstellen. Die meisten Büsten stammen aus der Parlerschen Bauhütte und zählen zu den wichtigsten Zeugnissen mittelalterlicher Bildhauerei.

Den von 28 Pfeilern getragenen Innenraum beherrscht der neugotische *Hauptaltar*. Davor befindet sich das von Alexander Collin aus weißem Marmor geschaffene königliche *Mausoleum* (1566–1589), das den oberirdischen Teil der Grabstätte bildet.

50 Polyglott

WEG 1

Darunter liegt die *Königsgruft* mit den Sarkophagen böhmischer Herrscher (Karl IV., Wenzel IV., Georg von Podiebrad, Rudolf II. u.a.). Man betritt die Gruft durch die Heiligkreuzkapelle. Die frühbarocke *Kanzel* stammt aus der Werkstatt Kaspar Bechtelers. Die *Orgelempore* schuf 1557 Bonifaz Wohlgemut, die 1757 installierte Orgel hat 6500 Pfeifen.

Im Mittelalter betrat man den Kirchenraum durch das *Goldene Tor* (Zlatá brana), das zwischen Hauptturm und *Wenzelskapelle* ins Querschiff führt. Es gilt als eine der wichtigsten Arbeiten Peter Parlers. Der 96 Meter hohe Turm, dessen gotischer Grundstock bis in die Höhe von 58 Metern reicht, beherbergt die größte Kirchenglocke Böhmens (18 t).

Von den 21 Kapellen ist die des hl. Wenzel die kulturhistorisch bedeutendste. Errichtet wurde sie von Peter Parler über der Grabstätte des böhmischen Schutzpatrons. Der Legende nach soll er sich bei seiner Ermordung durch seinen Bruder im Jahre 929 an dem hier installierten Türgriff mit Löwenkopf festgeklammert haben.

Im St.-Veits-Dom

Den unteren Abschnitt der Kapellenwand schmücken etwa 1300 böhmische Halbedelsteine, den oberen Teil Szenen aus dem Leben des hl. Wenzel. Den Mittelteil bedeckt ein Passionszyklus. Auch die Wenzelstatue schuf Peter Parler, der Bronzeleuchter (1532) stammt von dem Nürnberger Bildhauer Hans Vischer. An der Rückwand führt eine Treppe zur durch sieben Schlösser gesicherten *Schatzkammer* mit den Krönungskleinodien, die nur zu besonderen Anlässen der Öffentlichkeit präsentiert werden.

Den Chorumgang bilden eine Reihe von Kapellen, die z.T. mit Herrschertumben (Tumba: Grabplatte) aus der Parler-Bauhütte ausgestaltet sind. Das *Königliche Oratorium* schuf der Frankfurter Hans Spieß 1493 im Auftrag Vladislavs II. Jagello, dessen Monogramm auf der Krone zu sehen ist. Die Wappenreihe auf dem Geländer zeigt die

Wachestehen macht müde

Polyglott **51**

WEG 1

1

Seite 47

Länder, über die dieser Jagellonenkönig herrschte. Vor der Wenzelskapelle das *Grabmal des Grafen Leopold Schlick* (Fischer von Erlach, 1723), nahebei das silberne *Grabmal des hl. Johannes von Nepomuk* (Fischer von Erlach, 1736). Auf der gegenüberliegenden Seite des Umgangs steht das *Denkmal des Kardinals F. J. Schwarzenberg* (J. V. Myslbek, 1891–1895), daneben das *Holzrelief „Flucht des Winterkönigs"* (Kaspar Bechteler, 1631).

Den südlichen Anbau der Kathedrale bildet die *Alte Probstei*. Ihr gegenüber liegt der von N. Pacassi gestaltete Flügel des Burghofs, der heute die *Kanzlei des Präsidenten der Republik* beherbergt.

**Königlicher Palast [E]. Für die Baugeschichte dieses imposanten Architekturensembles, das den dritten Burghof nach Osten abschließt, gilt ähnliches wie für die des Doms: Jahrhunderte wurde an ihm gebaut. Der ursprüngliche Fürstensitz wurde im 11. Jahrhundert von einer romanischen Burg abgelöst. Karl IV. ließ die Anlage wesentlich erweitern, und unter Vladislav II. Jagello erhielt sie ihr heutiges Aussehen, das weitgehend von der Renaissance geprägt ist.

Vom 11. bis zum 16. Jahrhundert diente der Palast den böhmischen Herrschern als Residenz, danach war er für mehr als zweihundert Jahre Sitz der obersten Landesbehörde. Im 19. Jahrhundert wurden seine Räume nur noch gelegentlich zu repräsentativen Anlässen genutzt. 1924 begann man mit einer umfassenden Restaurierung.

Vor dem Eingang steht der von Francesco Caratti entworfene *Adlerbrunnen* von 1664. Vom Vorsaal, in dem noch Mauerwerk der ersten Befestigungsanlage zu sehen ist, geht es links durch die Grüne Stube, einen ehemaligen Gerichtssaal, ins *Vladislav-Schlafgemach*, mit dem das *Landtafel-Depositorium*, ein Raum mit einer Sammlung von Landtagsbeschlüssen, verbunden ist. Geradeaus kommt man in den prächti-

gen, von Hans Spieß 1486 begonnenen und von Benedikt Ried 1502 vollendeten *Vladislav-Saal*, dessen spätgotisches Rippenkranzgewölbe eine der bedeutendsten architektonischen Leistungen der gesamten Prager Burg darstellt.

Seine für damalige Verhältnisse atemberaubenden Dimensionen (62 m lang, 16 m hoch, 13 m breit) ließen diesen Saal sogar zum Schauplatz von Ritterturnieren werden. Um den Pferden den Zutritt zu ermöglichen, legte Ried eine *Reitertreppe* an, die ein Rippengewölbe trägt. Heute findet hier die Wahl des tschechischen Staatspräsidenten statt.

Der südliche Erweiterungsbau ist der sogenannte *Ludwigsflügel* (B. Ried, 1502–1506), der die Böhmische Kanzlei beherbergte. Weltgeschichte wurde hier gemacht, als protestantisch gesinnte Adlige die Vertreter des katholischen Kaisers Georg von Martinitz und Wilhelm von Slavata sowie ihren Sekretär Philipp Fabricius aus den Kanzleifenstern stürzten und damit den Dreißigjährigen Krieg auslösten. Wie die Sache für die Beteiligten ausging, kann man sich eine Etage höher vergegenwärtigen, die durch eine Wendeltreppe zu erreichen ist. Diese führt in die Reichshofratsstube, in der die 27 Anführer der Protestantischen Fraktion ihr Todesurteil verkündet bekamen. Es wurde am 21. Juni 1621 auf dem Altstädter Ring vollstreckt. Die kaiserlichen Vertreter waren übrigens bei ihrem unfreiwilligen Verlassen der Kanzlei mit dem Schrecken davongekommen: Ein Misthaufen hatte ihren Sturz gemildert.

An der Stirnseite des Vladislav-Saals führen einige Stufen zur *Allerheiligenkapelle* hinauf, die von Peter Parler 1370–1387 erbaut, aber nach dem großen Brand von 1541 im Renaissancestil erneuert wurde. Der Altar birgt die Reliquien des hl. Prokop.

Hinter der Tür an Nordostseite des Vladislav-Saals liegt der *Landtagssaal*, der seine jetzige Form dem Umbau durch B. Wohlgemut 1559–1563 verdankt. Schon unter Karl IV. tagte hier das Lan-

52 Polyglott

WEG 1

desgericht. Das Interieur stammt aus dem 19. Jahrhundert. Vom Palasthof gelangt man über eine Treppe ins Untergeschoß mit dem gotischen Teil des Palastes sowie in die romanischen Räume mit den Resten der ersten Befestigungsanlage.

Die nördliche Begrenzung des dritten Burghofs bildet die *Alte Dechanei*, in der heute das Restaurant „Vikarka" ist. Von der Vikarsgasse (Vikářská) hat man auch Zugang zu einem Pulverturm, dem *Mihulka-Turm*, den Vladislav II. Jagello zur Sicherung der nördlichen Befestigung anlegen ließ.

Die Gasse führt an der *Neuen Probstei* vorbei zum *St.-Georgs-Platz* mit der

* St.-Georgs-Basilika [F] und dem gleichnamigen *Kloster*. Die Kirche aus dem Jahr 915 ist der bedeutendste romanische Bau Prags, trotz ihrer frühbarocken Westfassade (um 1670). Einen Eindruck von ihrer ursprünglichen Gestalt erhält man erst im Innern, das 1958–1960 nach archäologischen Erkenntnissen rekonstruiert wurde. Unter den Arkaden aus dem 10. und 11. Jahrhundert liegen die Grabsteine der Přemyslidenfürsten Vratislav I. und Boleslav II., im Chor sind Reste romanischer Fresken zu sehen.

Vom Georgsplatz führt die Georgsgasse (Jiřská) am ehem. *Adligen Damenstift* und dem *Palais Lobkowitz* (heute Museum für Denkwürdigkeiten der nationalen Vergangenheit) vorbei zur Alten Schloßstiege. Auf halbem Weg geht man aber links Stufen hinauf zum

Skulptur an der Georgs-Basilika

** Goldenen Gäßchen *(Zlatá ulička)*. Es handelt sich um eine Zeile kleiner Häuser, die im 16. Jahrhundert an die Burgmauer gebaut wurden. Sie dienten den Burgwachen und Handwerkern als Unterkunft. Die weitverbreitete Meinung, daß Rudolf II. hier Alchemisten – „Goldmacher" – untergebracht hat, die seine Staatskasse auffüllen sollten, ist nur eine Legende.

Ihrem Namen wird diese Gasse erst in jüngster Zeit gerecht, denn der nie ab-

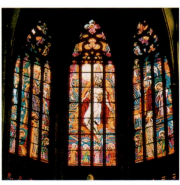

Die Chorfenster des St.-Veits-Doms mit herrlicher Glasmalerei

Polyglott **53**

Seite 41

reißende Touristenstrom macht aus den Andenken- und Souvenirläden in der Tat wahre Goldgruben. Im Haus Nr. 22 soll übrigens Franz Kafka für einige Zeit gewohnt haben. Der am Ende des Gäßchens gelegene *Daliborka-Turm* wurde nach einem hier eingekerkerten Ritter benannt, dem Smetana sogar eine Oper widmete. Als Gefängnis und Schuldturm diente auch der gegenüberliegende *Weiße Turm*.

———

Die *Alte Schloßstiege* führt den gesamten Burgberg hinunter, bis zur Metrostation Malostranská. Gleich dahinter liegt der

Waldstein-Garten ❾, den man von der Letenská ulice her betritt. Der kaiserliche Generalissimus und Herzog von Friedland Albrecht von Waldstein (aus dem Adelsgeschlecht der Waldstein) hat Garten und ***Palais zwischen 1623 und 1629 anlegen lassen. Dieser erste kolossale Prager Barockbau, der zunächst größer geplant war als die Prager Burg, kann die Handschrift italienischer Architekten und Künstler nicht verleugnen. Die Fassade des Palais, das heute das *Comenius-Museum* beherbergt, gehört zu den prunkvollsten der Stadt. Die 1623 bis 1627 von G. Perroni gestaltete *Sala terrena* verbindet Kunst und Natur in einer bis dahin nördlich der Alpen noch nie gesehenen Weise. Bei den Bronzestatuen von Adrian de Vries handelt es sich allerdings lediglich um Kopien. Die Originale wurden von den Schweden 1648 als Kriegsbeute verschleppt.

Vom Waldstein-Garten ist es nur noch ein Katzensprung zum Kleinstädter Ring. Hier bieten sich zahlreiche Möglichkeiten, auch endlich einmal den Magen zu seinem Recht kommen zu lassen. darunter die eher mondäne *Valdštejnská hospoda,* das gutbürgerlich *U Schnellů* und das typische Bierlokal *U svatého Tomáše*, eine ehemalige Klosterbrauerei (seit 1352) in der Letenská, wo ausgezeichnetes Schwarzbier ausgeschenkt wird.

Weg 2

Barockpaläste und Armutsidylle

Kleinseite und ** Karlsbrücke
Wegdauer: 4 bis 5 Stunden

Verkehrsmittel: Ⓜ zur Station Malostranská bzw. mit Straßenbahn oder mit dem Taxi

Ziel: Nationalstraße

Wer vom „Prager Barock" spricht, denkt dabei sicher an die Prager Kleinseite – das Stadtviertel unterhalb der Burg, das seit mehr als anderthalb Jahrhunderten sein Aussehen unverändert bewahren konnte. Eingezwängt zwischen Moldau und Hradschin, erstreckt sich diese zweitälteste der Prager Städte (gegründet 1257) im Süden bis zu der von Karl IV. errichteten „Hungermauer" (1360–1362).

Nach drei großen Brandkatastrophen (1409, 1503 und 1541) erhielt sie zunächst ein Renaissancegepräge, um sich dann im Zuge des vom Adel betriebenen Baubooms nach 1620 ein vollständig barockes Kleid anpassen zu lassen. In dieser Zeit verdrängten die Paläste des Adels und des Klerus – die meisten der 55 Prager Paläste sind in diesem Stadtteil zu finden – die bisher hier ansässigen Bürger und machten aus diesem überwiegend handwerklich geprägten Marktflecken ein mondänes Aristokratenviertel.

Mit der hochherrschaftlichen Pracht war es allerdings im 19. Jahrhundert wieder vorbei – der Adel zog nach Wien, und der Stadtteil, der 1784 seine Selbständigkeit verloren hatte, verkam zusehends. Doch die Armut seiner neuen Bewohner – niedere Beamte, Soldaten, einfache Handwerker – erweist

54 Polyglott

WEG 2

sich heute als ein Segen für die Kleinseite. Denn mit dem großen Geld verschwand auch die Baulust, und so kam es, daß dieses malerische Stadtensemble sich dem Betrachter heute in seiner ganzen barocken Schönheit darbietet. Wie es aber den kleinen Leuten im vorigen Jahrhundert hier erging, das kann man in Jan Nerudas „Kleinseitner Geschichten" (dt. im Aufbau-Verlag Berlin 1986) nachlesen.

Ein buntes Häusermeer: Blick über Moldau und Karlsbrücke

****Kleinseitner Ring** *(Malostranské náměsti)* ❷. Der langgestreckte Ring wurde bereits im 13. Jahrhundert angelegt. Heute ist er durch den mächtigen Bau der St.-Niklas-Kirche und das angegliederte ehemalige Jesuitenkolleg zweigeteilt. Vom Straßencafé **Kleinseitner Kaffeehaus** *(Malostranská kavárna)* – bis 1918 „Café Radetzký" und zwischen den Weltkriegen Treffpunkt deutscher Literatenzirkel – kann man bei einem Stück Prager Torte die prächtige Architektur am unteren Teil des Ringes in aller Ruhe auf sich wirken lassen. Ost- und Nordseite beherrschen schmucke Adelspalais. Die historisch bedeutendsten sind das **Kleinseitner Rathaus** (Nr. 21), in dem 1575 die Böhmische Konfession unterzeichnet wurde (sie sicherte dem Land für 40 Jahre Religionsfreiheit), das **Smřický-Palais** (Nr. 18), in dem die Vertreter der Opposition im Jahr 1618 den Zweiten Prager Fenstersturz beschlossen, sowie das benachbarte **Sternberg-Palais** (Nr. 19, benannt nach dem Naturwissenschaftler Kaspar Sternberg), in dem 1770 die erste tschechische Gesellschaft der Wissenschaften gegründet wurde.

Das **Palais Liechtenstein,** in dem fünf Bürgerhäuser vereinigt sind, beherrscht die gesamte Westfront des Ringes. 1620–1627 lebte hier Karl von Liechtenstein, Statthalter des Kaisers, der sich als brutaler Protestantenverfolger einen zwiespältigen Namen gemacht hat. Die Dreifaltigkeitssäule vor dem

Die Neruda-Gasse mit ihren schönen Barockfassaden

Polyglott **55**

WEG 2

Palais wurde zur Erinnerung an die große Pest von 1715 aufgestellt. Die Bürgerhäuser an der Südseite sind gotischen Ursprungs, obwohl ihre Fassaden klassizistisch wirken. Ihre Kellergewölbe beherbergen vielbesuchte Bierlokale und Weinstuben.

Das Hauptwerk des böhmischen Barock, die **St.-Niklas-Kirche ❾**, betritt man vom oberen Teil des Platzes. Sie ist das Werk der beiden bedeutendsten Prager Barockbaumeister Christoph und Kilian Ignaz Dientzenhofer. Der Vater, Christoph, schuf Anfang des 18. Jahrhunderts Kirchenschiff und Westfassade, der Sohn etwa 40 Jahre später Chor und Kuppel. Den Gesamtbau vollendete 1755 Anselmo Lurago mit der Errichtung des Glockenturms. Die Ausmaße dieser Kirche sind gewaltig. Unter der 75 Meter hohen Kuppel hätte sogar der Aussichtsturm vom Petřín Platz. Das Deckenfresko über dem Hauptschiff, „Apotheose des hl. Nikolaus" (J. L. Kracker), sucht mit 1500 m² seinesgleichen. Zur Innenausstattung gehören Barockgemälde von K. Škréta und Statuen von I. F. Platzer.

Die Kirche hat eine wundervolle Akustik. Mozart spielte bei seinen Prag-Aufenthalten in den Jahren 1786 und 1787 häufig auf der Orgel, und auch heute ist Kirche wieder eine vielbesuchte Konzertstätte.

Architektonisch imponiert der Bau durch seine vollendete Formgebung, die auf einem komplizierten Zusammenspiel sich gegenseitig durchdringender Strukturen beruht.

Vom Kleinseitner Ring gehen einige Straßen ab, die jede für sich mit einer Reihe touristischer Kostbarkeiten aufwarten kann. Da ist einmal die **Letenská,** die zur Kirche *St. Thomas* führt. Zunächst als gotische Basilika errichtet, wurde sie 1727–1731 von K. I. Dientzenhofer barockisiert. Zwei Altarbilder sind Kopien von Rubens-Gemälden (Originale in der Nationalgalerie). Ganz besonderem Zuspruch erfreut sich das angeschlossene Kloster, vor allem wegen seiner Brauerei mit Bierkeller und Biergarten, in denen ein berühmtes „Dunkel" ausgeschenkt wird. In der Nähe befindet sich auch der Eingang zum **Waldstein-Garten (s. Weg 1).

Die **Tomášská** bietet zunächst mit dem Haus *Zum goldenen Hirschen* (K. I. Dientzenhofer, 1725/26) eine prunkvolle Barockfassade und führt dann zum *Waldstein-Palais (s. Weg 1). Ihm gegenüber liegt das *Ledebour-Palais* (I. J. Palliardi, 1787) mit einem der schönsten Terrassengärten der Stadt.

***Neruda-Gasse** (Nerudova ulice) ❿.* Die heute nach dem Dichter und Schriftsteller Jan Neruda (1834–1891) benannte Straße bildete einst die vielleicht schönste, sicher aber die steilste Etappe des Krönungszuges. Ihre Fassaden sind vorwiegend vom Hochbarock geprägt und bestechen durch ihre prunkvollen Hauszeichen („Zum roten Löwen", „Zu den drei Geigen", „Zum goldenen Hufeisen"), die früher die Orientierung ermöglichten. Erst Maria Theresia ließ sie durch Hausnummern ersetzen. Jan Neruda lebte in Haus Nr. 47, dem „Haus zu den zwei Sonnen" (U dvou slunců).

Das Haus *Sommer und Frühling* (Nr. 33) ist nicht nur wegen seiner Rokokofassade bemerkenswert: 1787 logierte hier sowohl Mozart als auch Casanova – beide zur Uraufführung des „Don Giovanni". Das *Palais Morzin* (Nr. 5; G. Santini, 1713/14) und das *Palais Thun-Hohenstein* (Nr. 20; G. Santini, 1710–1720; Fassade F. M. Brokoff) beherbergen heute die Rumänische bzw. Italienische Botschaft.

In südliche Richtung führt die **Karmelitergasse** *(Karmelitská ulice),* die dann in die Straße *Újezd* übergeht. Von hier kann man mit der Standseilbahn auf den Laurenziberg (Petřín) hinauffahren. Das *Vrtba-Palais* (Nr. 25) in unmittelbarer Nähe des Kleinseitner Rings, besitzt einen der prächtigsten Barockgärten der Stadt. Durch die Seitenstraße kommt man zum *Palais Lob-*

kowitz, in dem die Deutsche Botschaft ihren Sitz hat (Vlašská ulice 19).

Die Kirche *St. Maria de Victoria ⓫ wurde Anfang des 17. Jhs. zunächst für die in Prag ansässigen deutschen Lutheraner erbaut, ging aber nach der Schlacht am Weißen Berg in den Besitz der Karmeliter über. Seit 1628 beherbergt sie das *Prager Jesulein*, eine aus Spanien stammende Wachsstatuette, die rasch zum Wallfahrtsziel von Pilgern aus aller Welt aufstieg.

Haus „Zu den drei Geigen"

Östlich der Karmelitergasse, auf halbem Weg zur Moldau und der Insel Kampa, liegen zwei Plätze, die von dem besonderen Flair der Kleinseite am meisten geprägt sind – der

Malteser- und der **Großpriorlatsplatz**. Die Mitte des *Malteserplatzes* (Maltézské náměstí) dominiert eine Statuengruppe mit Johannes dem Täufer (F. M. Brokoff, 1715). Benannt wurde der Platz nach dem Orden der Malteserritter, der sich hier bereits 1169 niedergelassen hatte, um den Zugang zur **Karlsbrücke (damals noch Judithbrücke) zu sichern.

Die Malterserkirche oder auch *Kirche St. Maria unter der Kette* (Kostel Panny Marie pod řetězem) bildete früher den Kern des dazugehörigen Klosters.

Von der ursprünglich dreischiffigen romanischen Basilika stehen nur noch die Außenmauern des Seitenschiffes. Ihr heutiges Aussehen verdankt sie einem barocken Umbau, der zwischen 1640 und 1646 nach Entwürfen von Carlo Lurago durchgeführt wurde. Das Altarbild stammt von Karel Škréta.

An seiner Südseite wird der Platz vom dreigeschossigen *Nostitz-Palais* (1658–1660) begrenzt, in dem die Niederländische Botschaft und die Josef-Dobrovský-Bibliothek, benannt nach dem Begründer der Slawischen Philologie, zu Hause sind. Das Rokokoportal schuf Anton Haffenecker, die Statuen der Imperatoren sind Kopien der von F. M. Brokoff (1720) geschaffenen Figuren. Das Haus Nr. 8, die *Alte Poststa-*

St.-Niklas-Kirche (Kleinseite)

Kuppelfresko in St. Niklas

WEG 2

Die Prager Moldauinseln

Von Max Brod stammt die Bemerkung: „Die Moldau fließt in C-Dur, weil Smetana es so wollte." Doch der von dem tschechischen Nationalkomponisten verherrlichte Fluß war nicht immer das liebliche Gewässer, das sich auf einer Gesamtlänge von 31 Kilometern durch die Landeshauptstadt schlängelt. In früherer Zeit war der Fluß so wild, daß ihm durch Uferbefestigungen und Staustufen ein künstliches Bett verpaßt werden mußte. Der ständige Wechsel von Hochwasser– und Trokkenzeiten ließ Inseln entstehen, die sich aus angeschwemmtem Morast und Geröll bildeten, aber über Nacht auch wieder verschwinden konnten. Erst seit den im 18. Jahrhundert begonnenen Regulierungen ist der Fluß berechenbarer geworden. Einige Inseln sind inzwischen mit dem Ufer verbunden, so daß im Laufe der letzten hundert Jahre ihre Zahl von zwölf auf acht zurückgegangen ist.

Die südlichste Insel ist die *Kaiserwiese* (Cisařská louka), auf der 1297 Wenzel II. seine Krönung mit einem großen Gelage feierte. Sie wurde durch Anlage eines Flößereihafens künstlich geschaffen. Dieser war nötig geworden, weil beim Hochwasser von 1890 Flöße gegen die Pfeiler der Karlsbrücke geschleudert wurden und diese fast zum Einsturz brachten. Direkt gegenüber liegt am anderen Ufer die *Ruderinsel*

(Veslařské ostrov), auf der die Wassersportler zu Hause sind. Auf der *Slawischen Insel* (Slovanský ostrov) am Masaryk-Ufer (gleich hinter dem Nationaltheater) wurde 1848 der Slawenkongreß eröffnet. Vorher hieß sie „Färberinsel", nach dem Gewerbe der Lederfärberei, das hier betrieben wurde, bzw. „Sophieninsel", nach der Mutter Kaiser Franz Josephs I.

Die Insel war wiederholt Schauplatz großer Ereignisse: Hier fuhr 1841 die erste böhmische Dampflokomotive, und gegen Ende des Jahrhunderts wurde hier die erste elektrische Beleuchtung angelegt. Der Veranstaltungssaal für Bälle und Konzerte stammt von 1866. Am Südende der Insel stehen das Mánes-Haus, ein Ausstellungssaal für moderne Kunst und Sitz des Kunstvereins, und ein Denkmal der Nationaldichterin Božena Němcová.

Die *Kinderinsel* (Dětský ostrov) zieht sich am gegenüberliegenden Ufer entlang und beherbergt – wie man dem Namen nach unschwer vermuten kann – einen Kinderspielplatz.

Über die mitten im Strom gelegene *Schützeninsel* (Střelecký ostrov) führt die Legionsbrücke. Benannt ist sie nach einem Schützenplatz, der hier 1472 eingerichtet wurde. 1882 fand nur ein erstes Turnfest des tschechisch-nationalen Turnerbundes Sokol statt und 1890 die erste Maifeier in Böhmen zu der 13 000 Besuchern kamen.

tion (Stará pošta), war Ende des 15. Jahrhunderts der erste Stützpunkt des Prager Postdienstes.

Auch Feinschmecker kommen auf diesem Platz auf ihre Kosten: Das barockisierte Renaissancehaus **Zu den Malern** *(U malířů)* beherbergt eines der feinsten Restaurants der Stadt.

Auf dem *Großprioratsplatz* (Velkopřevorské náměstí) grenzt rechts an die Malteserkirche der *Palast des Groß-*

priors (B. Scotti, 1725–1727), in dem eine Sammlung alter Musikinstrumente untergebracht ist.

Das *Palais Buquoy* gegenüber ist Sitz der Französischen Botschaft. Die kleine Brücke am Platzende führt über den Teufelsbach (Čertovká), einen Moldauarm, auf die * **Insel Kampa** ⓬.

Der Bach, der seinen Namen einer wunderlichen Frau verdanken soll, die früher im Haus *Zu den sieben Teufeln*

WEG 2

*Kampa, die lieblichste der Prager Inseln, trennt der Teufelsbach (Čertovká) vom Ufer der Kleinseite.

Durch ihre beschauliche Lage zog diese Insel, die auch das „Prager Venedig" genannt wird, schon immer zahlreiche Künstler und Intellektuelle an. Hier wohnten z.B. der Sprachforscher Josef Dobrovský, der Dichter Vladimír Holan, der Schauspieler Jan Werich sowie der „Vater des tschechischen Trickfilms", Jiří Trnka.

Über die Insel Štvanice („Hetzjagd") verlief früher eine wichtige Furt, die die Verbindung der Stadt mit den nördlichen Landesteilen darstellte. Im 18. Jahrhundert wurde hier ein Vergnügungspark mit einem Gehege für Hetzjagden eingerichtet.

Mit der Schiffbarmachung des Flusses zu Anfang unseres Jahrhunderts wurden die Ufer befestigt und die Insel aufgeschüttet.

Auf der Insel sind zwei wichtige Sportstätten angesiedelt, das Eisstadion, in dem 1933 die Eishockey-WM stattfand, und ein Tenniszentrum, in dem Grand-Prix-Turniere und Davis-Pokal-Begegnungen ausgetragen werden.

Die nördlichste, die *Kaiserinsel* (Císařský ostrov), ist zugleich die größte. Sie wurde durch den Bau eines Schleusenkanals künstlich angelegt.

Auf der Moldauinsel Kampa

Nostalgie: Alte Apotheke in der Neruda-Gasse

(U sedmi čertů) wohnte, trieb seit dem Mittelalter mehrere Mühlen an, von denen noch zwei Räder erhalten sind.

Da die Uferhäuser direkt ins Wasser gebaut sind, wird der malerische Flecken auch das „Prager Venedig" genannt.

Die ** Karlsbrücke ⓭.

Die Verbindung von Kleinseitner Ring zur Karlsbrücke bildet die belebte *Brückengasse* (Mostecká).

Polyglott **59**

WEG 2

Das „Kino 64" in Innenhof einer kleinen Passage ist insofern bemerkenswert, als es das einzige größere Bauwerk darstellt, das auf der Kleinseite in den letzten 150 Jahren errichtet wurde. Wer früher von einem Moldauufer ans andere wechseln wollte, mußte am *Zollhaus*, das sich seitlich an den kleineren der Brückentürme anlehnt, seine Mitbringsel in Augenschein nehmen lassen. Die Vorderfront dieses Renaissancehauses stammt aus dem 19. Jahrhundert, das romanische Relief in Höhe des ersten Stocks, das die Versöhnung Wenzels I. mit seinem Sohn Přemysl Otakar II. darstellt, von 1254.

Im Hotel *Zu den drei Straußen* (U tří pštrosů), links neben der Brückenrampe, eröffnete 1714 der Armenier Deodat Damajan das erste Prager Kaffeehaus. Benannt ist das Haus nach einem Straußenfedernhändler, der das Anwesen im 16. Jh. erwarb und sein Gewerbe in dem Hauszeichen verewigte.

Die beiden *Kleinseitner Brückentürme*, die seit dem Mittelalter durch ein wappengeschmücktes Tor verbunden sind, gehören wie die gesamte Karlsbrücke noch zur Altstadt. Der kleinere stammt aus dem 12. Jahrhundert und war Teil der romanischen Befestigungsanlage, die den Zugang zur Brücke sichern sollte. Der größere wurde in der zweiten Hälfte des 15. Jahrhunderts als Gegenstück zum Altstädter Brückenturm errichtet. Er ist Besuchern zugänglich.

Die erste Moldaubrücke stand weiter flußabwärts. Ganz aus Holz gebaut, hielt sie dem häufigen Hochwasser nicht stand und wurde 1157 durch eine Steinbrücke, die Judithbrücke, ersetzt. Ihr machte das Hochwasser von 1342 den Garaus, und so wurde Peter Parler mit einem Neubau beauftragt.

Die Anfang des 15. Jahrhunderts fertiggestellte Sandsteinbrücke ist 520 Meter lang und ruht auf 16 Pfeilern. Der Sage nach soll Karl IV. seine Untertanen in allen Landesteilen aufgerufen haben, Eier nach Prag zu bringen, um damit die Bindekraft des Mörtels zu erhöhen.

Der Aufruf hatte Erfolg – nur daß die Bauern die Eier vorher hartgekocht hatten.

Die grandiose *Skulpturen-Galerie* auf dem Brückengeländer, die von der Engelsbrücke in Rom inspiriert ist, stammt aus dem 17. Jahrhundert. Leider hat den Figurengruppen der Zahn der Zeit schon so heftig zugesetzt, daß sie schrittweise durch Kopien ersetzt werden müssen.

1393 wurde auf Befehl Wenzels IV. der Prager Erzbischof Johannes von Nepomuk von dieser Brücke in die Moldau und damit in den Tod gestürzt. Zum Heiligen machte ihn die katholische Kirche allerdings erst 1729, möglicherweise aufgrund einer falschen Überlieferung. Der Legende nach soll er sich geweigert haben, dem König die Beichte seiner Gemahlin zu offenbaren. Wahrscheinlicher ist aber, daß er dem König bei der Konfiszierung kirchlicher Güter im Weg stand.

Schon immer stand die Karlsbrücke im Mittelpunkt des städtischen Lebens: Hier führte einst der Krönungszug entlang. Hier wurden Märkte abgehalten, Gerichtsurteile gefällt und sogar Reitturniere veranstaltet. Ihre strategische Bedeutung konnte sie zweimal unter Beweis stellen: 1620 floh der „Winterkönig" nach seiner Niederlage über die Brücke, und 1648 beschossen die schwedischen Belagerer von hier aus die Altstadt, wobei sie auch die Skulpturen am Altstädter Brückenturm zerstörten.

Die Karlsbrücke ist ohne Zweifel eines der beeindruckendsten Brückenbauwerke der Welt. Ihren besonderen architektonischen Reiz gewinnt sie aus dem Kontrast der ausdrucksstarken Skulpturen zu ihrer streng gotischen Grundstruktur. Die 30 Statuen und Figurengruppen wurden im Laufe von mehr als zwei Jahrhunderten gefertigt, wobei die zwischen 1683 und 1714 geschaffenen Werke zu den absoluten Höhepunkten der böhmischen Bildhauerkunst gehören.

WEG 2

Die älteste Plastik ist die 1683 von Matthias Rauchmüller in Nürnberg gegossene *Bronzestatue des hl. Johannes von Nepomuk* in der Brückenmitte, als die künstlerisch wertvollste gilt die Darstellung der *hl. Luitgard* (1710) von Matthias B. Braun. Besonderer Beliebtheit erfreut sich der „Türke", der einen Christen im Kerker gefangen hält (F. M. Brokoff, 1714).

Der *Altstädter Brückenturm,* der sich über dem ersten Pfeiler erhebt, wurde nach einem Entwurf von Peter Parler unter Wenzel IV. 1391 vollendet. Trotz seiner wichtigen strategischen Bedeutung – im Mittelalter konnte das Tor durch ein Fallgitter versperrt werden – und obwohl ihm selbst ein zweiwöchiger Beschuß aus schwedischen Kanonen nichts anhaben konnte, hat dieser schönste aller Prager Brückentürme ganz und gar nichts von einem martialischen Bollwerk an sich. Die Skulpturen an der Ostseite stammen aus der Werkstatt Peter Parlers und zählen zu den wichtigsten Zeugnissen gotischer Bildhauerkunst in Böhmen. Das heutige Dach erhielt der Turm bei seiner Restaurierung von 1874 bis 1878 durch Josef Mocker. Zur Türmerstube, die zuweilen öffentlich ist, gelangt man über eine Wendeltreppe mit 138 Stufen.

Der malerische *Kreuzherrenplatz* (Křižovnické náměstí) am Altstädter Brückenturm wird auf zwei Seiten von Sakralbauten begrenzt, der *St.-Franziskus-Kirche ⓮ und der zum *Clementinum,* dem ehemaligen Jesuitenkolleg, gehörenden *St.-Salvator-Kirche ⓯ (s. Weg 4).

Das neugotische *Denkmal Karls IV.* von 1848 erinnert an die Gründung der Prager Universität 500 Jahre zuvor.

Der Gebäudekomplex im Stil der Neorenaissance links unterhalb des Brückenturms, das ehemalige Prager Wasserwerk, beherbergt u. a. das *Smetana-Museum ⓰.

Straßenszene oder: Klein-Montmartre in Prag

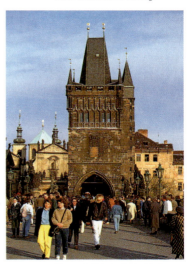

Das meistfotografierte Motiv: Blick auf die Karlsbrücke ...

... und noch einmal – vom Wasser her

Polyglott **61**

Weg 3

Auf Kaisers und Kafkas Spuren durch die Altstadt

Wegdauer: 3 bis 4 Stunden

Verkehrsmittel: Ⓜ zur Station Můstek

Ziel: Wenzelsplatz

3

Seite
69

Da, wo sich im Mittelalter die Straße vom Vyšehrad zur Prager Burg und der alte Ost–West–Handelsweg trafen, entstand eine Siedlung, die sich im Laufe der Zeit zu einem bedeutenden Umschlagplatz für Waren und Luxusgüter entwickelte. 1230 verlieh ihr Wenzel I. die Stadt- und Bürgerrechte und ließ gleichzeitig eine Stadtmauer mit Graben errichten. Damit steckte er den Bereich ab, der heute als die Altstadt bekannt ist. Die Mauern sind längst wieder geschleift, aber an den Stadtgraben erinnert noch der Straßenname * Na příkopě (tschech.: Auf dem Graben). Die Straße wurde nämlich auf dem zugeschütteten Stadtgraben angelegt. Zentrum dieses Stadtteils ist der

** ** Altstädter Ring** (Staroměstské náměstí) ❼ mit dem Altstädter Rathaus. Der Weg von der Metrostation Můstek durch die Brücken- (Na můstku) und die Melantrichgasse (Melantrichova) vermittelt schon einen ersten Eindruck von dem, was den Besucher heute in dem ältesten Viertel der Stadt erwartet: In den verwinkelten Gassen brodelt ein neuer Unternehmungsgeist, überall eröffnen Geschäfte, Galerien, Pubs usw. Das Stimmengewirr ist international. Man spürt hautnah, wie jung das alte Prag geworden ist.

Der Altstädter Ring ist mit Burg und Karlsbrücke die meistbesuchte Sehenswürdigkeit der Landeshauptstadt. Seine vor einigen Jahren angelegte Fußgängerzone schmücken im Sommer zahlreiche Straßencafés, in denen man bei gutem Wetter nur schwer einen Platz ergattern kann.

Die schmucken Fassaden können allerdings nicht darüber hinwegtäuschen, daß dieser Platz in den vergangenen Jahrhunderten wiederholt Schauplatz blutiger Ereignisse geworden ist: Hier wurde 1422 Jan Želivský, der Anführer der radikalen Hussiten, hingerichtet. Einem seiner Widersacher, Johannes Rohác von Dubá, erging es nicht besser: 1438 wurde er mit 56 seiner Kriegskumpanen an der gleichen Stelle ermordet. 1621 übten die siegreichen kaiserlichen Katholiken an ihren protestantischen Widersachern grausame Vergeltung: Unter Trommelwirbel wurden 27 Adlige auf dem Altstädter Ring öffentlich enthauptet. Ein Bodenkreuz vor dem ** Rathaus zeigt an, wo das Schafott gestanden hat.

Das Herzstück des Rings bildet das

** ** Altstädter Rathaus** mit der weltberühmten Astronomischen Uhr. Das Recht zur Errichtung eines Rathauses mußten die Altstädter Bürger ihrem König Johannes von Luxemburg förmlich abkaufen. 1338 wurde ihnen das Bauprivileg nur unter der Bedingung erteilt, daß sie die ausländischen Kriegsabenteuer dieses Königs finanzierten, und unter der Herrschaft seines Sohnes, Karls IV. (1346–1378), erlebte die Stadt die fruchtbarste Periode ihrer gesamten Baugeschichte.

Das Rathaus ist eigentlich ein ganzer Gebäudekomplex, der mehrfach umgebaut und erweitert wurde. Dem frühgotischen Gebäude wurden schon bald ein Turm und eine Kapelle hinzugefügt. Um dem Verwaltungsbedarf der schnell wachsenden Stadt nachzukommen, wurden nach und nach die benachbarten Bürgerhäuser aufgekauft und eingegliedert. Der neugotische Ostflügel, von dem nur noch ein Torso erhalten ist, stammt aus dem 19. Jahrhundert. Beim Maiaufstand von 1945 wurde er von deutschen Truppen zerstört.

62 Polyglott

WEG 3

Die ursprüngliche Fassung der **Astronomischen Uhr,** die Anfang des 15. Jahrhunderts an der Südseite des Rathausturms installiert wurde, wird Nikolaus von Kaaden zugeschrieben. Vollendet wurde sie gegen Ende des 15. Jahrhunderts von dem Astronomen der Karlsuniversität, Magister Hanusch.

Einer Legende zufolge soll er nach der Fertigstellung geblendet worden sein, um ein solches Meisterwerk nicht wiederholen zu können. Allerdings sind Legenden dieser Art weit über Prag und seine Astronomische Uhr hinaus im Umlauf.

Die Uhr gibt Auskunft über alle Himmelsdaten, soweit sie damals bekannt waren. Während die äußeren Ringe Stundenanzeiger darstellen, spiegelt die innere, kleinere Scheibe die Stellung der Tierkreiszeichen sowie die Position von Sonne, Mond und Polarstern wider.

Von 8 bis 20 Uhr zeigt sich an den beiden Fensteröffnungen zu jeder vollen Stunde eine Apostelprozession, eingeläutet durch die Glocke des Gevatters Tod und abgeschlossen durch einen markerschütternden Hahnenschrei. Die Figur des Türken erinnert an die Jahrhunderte währende Gefahr, die dem Habsburgerreich durch die Osmanen drohte. Das Kalendarium auf der unteren Scheibe wurde 1865 von dem Historienmaler Josef Mánes angefertigt (Kopie; Original im Städtischen Museum).

Die Fassade mit den Fenstern aus der Frührenaissance trägt die Inschrift „Prag caput regni" („Prag Hauptstadt des Reiches"). Das reich geschmückte Hauptportal (M. Rejsek) führt in einen spätgotischen Vorsaal, den Mosaiken nach Vorlagen von Mikoláš Aleš (1936 bis 1939) schmücken. Der vollständig erhaltene alte Ratsherrensaal stammt aus dem 15. Jahrhundert, der große Sitzungssaal von 1879/80. Geradezu überwältigend ist der Blick vom Rathausturm auf den herrlichen Platz und das schier unentwirrbare Netz der Gäßchen und Hausdurchgänge zu Füßen des Gebäudes.

Das Schmuckstück am Altstädter Rathaus: die Astronomische Uhr

Das Kalendarium mit den Tierkreiszeichen

Am Altstädter Ring sitzt sich's gemütlich

Polyglott **63**

WEG 3

An der sgraffitigeschmückten Renaissancefassade des Hauses *Zur Minute* (U minutky) vorbei, dem letzten Gebäude, das dem Rathaus eingegliedert wurde, geht es zum

Kleinen Ring *(Malé náměstí),* den ein *Renaissancebrunnen* von 1560 ziert. Die Häuser hier stehen auf romanischen und frühgotischen Fundamenten.

Ein Blickfang ist die Fassade des *Rotthauses* mit Ornamenten von M. Aleš. Dieses dreistöckige Gebäude, in dem die größte Eisenwarenhandlung der Stadt zu Hause ist, erhielt seine jetzige Neorenaissancegestalt um 1890.

Die Straße U radnice führt an *Kafkas Geburtshaus* (Nr. 5) vorbei und geht in

die Maislová über, die die Grenze zur alten Judenstadt markiert. Biegt man in die nächste Straße rechts ein, so stößt man auf die *Pariser Straße* (Pařížská) mit ihrem grandiosen Jugendstilensemble. Sie wurde nach der Sanierung der ehemaligen Judenstadt angelegt und sollte ein neues gesellschaftliches Zentrum der Stadt bilden.

Nach einige Schritten in Richtung Süden erreicht man wieder den Altstädter Ring. Jetzt sieht man das Rathaus von der Rückseite. Links liegt die barocke St.-Niklas-Kirche, in der Mitte des Rings das *Hus-Denkmal* (Ladislav Šaloun, 1915). Von der gegenüberliegenden Seite leuchten die herrlichen Fassaden der Häuser *Zum goldenen Einhorn*

Kafkas Prag

Franz Kafka (1883–1924) ist unbestritten der größte Vertreter der Prager deutschen Literatur, aber nicht der einzige. Zu Weltruhm gelangten auch Max Brod – nicht zuletzt als Förderer Kafkas und Jaroslav Hašeks, des fast gleichaltrigen tschechischen Autors des „Braven Soldaten Schwejk"–, der „rasende Reporter" Egon Erwin Kisch und Franz Werfel. Auch Rainer Maria Rilke, dessen Werke die gesellschaftlichen Konflikte der untergehenden Donaumonarchie widerspiegeln, stammte aus Prag.

Die deutsche Kultur konnte sich im Prag der Jahrhundertwende nur noch auf einen zahlenmäßig kümmerlichen Rest von 42 000 deutschsprachigen Einwohnern stützen. Dennoch gab es hier eine deutsche Universität (an ihr lehrte 1911 bis 1912 Albert Einstein), ein deutsches Theater sowie mehrere deutsche Tages- und Wochenzeitungen.

Kafka liebte und haßte die Stadt zugleich, er überzog sie mit beißender Ironie, um im gleichen Atemzug sich ihr wieder zärtlich zu nähern. In einem Brief an seinen engsten Jugendfreund Oskar Pollak heißt es: „Prag läßt nicht

los. Dieses Mütterchen hat Krallen. Da muß man sich fügen oder ... An zwei Stellen müßten wir es anzünden, am Vyšehrad oder am Hradschin, dann wäre es möglich, daß wir loskommen."

Kafka ist häufig umgezogen. Die Orte, an denen er gewohnt hat, sind zum größten Teil erhalten geblieben. Sein Geburtshaus am Altstädter Ring, gleich neben der St.-Niklas-Kirche (U radnice 5), wurde mehrmals umgebaut, das kleine Museum im Erdgeschoß erst nach der Wende eingerichtet. Im Palais Kinský an der Ostseite des Rings betrieb sein Vater seinen Kurzwarenhandel, und hier war auch das deutsche Gymnasium, das Kafka von 1893 bis 1901 besuchte. In dem Haus Zur Minute, direkt neben dem Rathaus, verbrachte er seine Kindheit. Sein erstes eigenes Zimmer, mit Blick auf die Teynkirche, bekam er im Haus Zu den Königin in der Zeltnergasse (Nr. 3). Später zog er ins Oppelt-Haus an der Ecke des Rings zur Pariser Straße, wo er im obersten Stockwerk lebte, danach in die Lange Gasse 16 (Dlouhá ulice).

Aber auch außerhalb der Altstadt läßt sich sein Lebensweg verfolgen: Die Gebäude

64 Polyglott

WEG 3

und *Storch,* von der Ostseite das spätbarocke *Palais Kinský* (Graphische Sammlung der Nationalgalerie). In diesem Haus kam die Friedensnobelpreisträgerin Bertha von Suttner, eine geborene Gräfin Kinský, zur Welt, und im dritten Stock war das Gymnasium untergebracht, das Franz Kafka besuchte.

Einen Abstecher wert ist das benachbarte Eckhaus *Zur steinernen Glocke,* einer der bedeutendsten mittelalterlichen Profanbauten des Landes, der in jüngster Zeit restauriert wurde und heute als Ausstellungssaal für moderne Kunst genutzt wird. Rechts

Jan-Hus-Denkmal

Das Haus „Zur Minute"

der beiden Versicherungen, für die er arbeitete, stehen am Wenzelsplatz bzw. in der Straße Na poříčí.

1916 bewohnte er ein kleines Haus (Nr. 22) im Goldenen Gäßchen im nordöstlichen Bereich der Burganlage, das seiner Schwester Otla gehörte. Hier schrieb er die Geschichte „Ein Landarzt". Ab 1917 wohnte er im Schönborn-Palais auf der Kleinseite, der heutigen Amerikanischen Botschaft. Hier kam seine tödlich Krankheit zum ersten Mal zum Ausbruch. Begraben liegt er auf dem Neuen jüdischen Friedhof in Prag-Strašnice.

Kafka, den das sozialistische Regime am liebsten totgeschwiegen hätte, geistert heute als Pop-Ikone durch das Prager Straßenbild – T-Shirts und Bierkrüge tragen sein Konterfei, eine Theaterrevue vermarktet seine Biographie, sein Name leuchtet von den Plakatwänden. So paradox – oder kafkaesk – es klingen mag: Dieser Dichter, den zu Lebzeiten kaum einer kannte, der seine gesamte literarische Hinterlassenschaft vernichten wollte, ist heute in Prag allgegenwärtig.

Schild an Kafkas Geburtshaus

WEG 3

Prager Jugendstil

Die „Sezession", wie der Jugendstil nach Wiener Muster in Böhmen genannt wurde, hielt 1891 mit dem Hanau-Pavillon (Hanavský-Pavillon) Einzug.

Der eiserne Pavillon, der für die Jubiläumsausstellung des gleichen Jahres entworfen und 1898 zu einem eleganten Ausflugslokal umgestaltet wurde, fand auf der Letná-Höhe eine neue Bleibe.

Charakteristisch für den neuen Baustil, der nicht gleich von allen Fachkritikern mit Begeisterung aufgenommen wurde, waren aus Pflanzenmotiven entwickelte Ornamente, die Fassaden und Innenausstattung schmückten und die Struktur des Gebäudes bis ins kleinste Detail bestimmten.

Prag gab den Architekten reichlich Gelegenheit, den neuen ästhetischen Anspruch in die Tat umzusetzen.

Da war zunächst Bedřich Ohmann, der sein Handwerk in Wien erlernt hatte und den Pragern mit dem Café Corso in der Straße Na příkopě den ersten lupenreinen Jugendstilbau bescherte. Das Haus wurde später abgerissen, erhalten blieb das wunderschöne Hotel Central in der Hybernská ulice (Nr. 10).

Als das eigentliche Genie der modernen tschechischen Architektur gilt Jan Kotěra, ein Schüler Otto Wagners, der 1899 als 28jähriger das Peterka-Haus am Wenzelsplatz (Nr. 12) entwarf. Dessen schlichte Fassade spiegelt bereits den Wahlspruch wider, der zur nächsten architekturgeschichtlichen Phase überleiten sollte: „Die Form folgt der Funktion."

Während Kotěra in den folgenden Jahren daranging, die durch den Baustoff vorgegebene Struktur immer stärker hervortreten zu lassen, schöpfte der Jugendstil aus dem Füllhorn seiner dekorativen Phantasien. Schönstes Beispiel ist das dem Peterka-Haus schräg gegenüberliegende Hotel Evropa, das 1906 von Alois Dryák und Bedřich Bendelmayer entworfen wurde und bis heute als gesuchte Kulisse für alle Filme dient, die die dekadente Atmosphäre der Jahrhundertwende einfangen wollen.

Eine Galerie von Mietshäusern im Jugendstil präsentiert der Masaryk-Kai (Masarykovo nábřeží), darunter das Haus des Gesangvereins Hlahol (Nr. 28) von Josef Fanta. Fanta war es auch, der den Wettbewerb für den Bau des Hauptbahnhofs gewann und ihn zwischen 1901 und 1909 realisierte. Zunächst als ein Neorenaissancegebäude angelegt, entwickelte er sich im Laufe der Bauzeit zu einem üppig ausgestatteten Jugendstilpalast. Die Stahlkonstruktion seines zweischiffigen Innenhofs bedeutete für Prag eine architektonische Sensation.

Vollendet aber hat sich der Prager Jugendstil im Bau des pompösen Repräsentationshauses neben dem Pulverturm, an der Stelle des ehemaligen Königshofes. Mit

---

schließen sich die *Teynschule,* eine ehemalige Pfarrschule, und das Haus *Zum weißen Einhorn* an. Zwischen ihnen liegt der Zugang zur ** *Teynkirche,* dem neben dem ** St.-Veits-Dom bedeutendsten sakralen Bauwerk der Stadt.

Die * St.-Niklas-Kirche *(Kostel sv. Mikuláše)* ⓱ am Altstädter Ring ist das Altstädter Gegenstück zum monumentalen gleichnamigen Sakralbau auf der Kleinseite. Während aber auf der anderen Moldauseite beide Dientzenhofer tätig waren, zeichnete hier Kilian Ignaz allein verantwortlich. Der Bau entstand zwischen 1732 und 1737, also unmittelbar vor der Kleinseitner Kirche. Die Statuen am Hauptportal stammen von Anton Braun, die prächtigen Fresken in der Seitenkapelle schuf Peter Asam.

Den großen Kristallleuchter, dessen acht Segmente dem achteckigen Gundriß der Kuppel nachgeformt sind, hat die

66 Polyglott

WEG 3

diesem von Antonín Balšánek und Osvald Polívka zwischen 1905 und 1911 errichteten Gebäude entsprach die dank ihres industriellen Aufschwungs rasch gewachsene und reich gewordene Stadt dem gesteigerten Bedürfnis nach kulturellem Engagement und weltstädtischer Repräsentation. Zur Mitarbeit aufgerufen waren mehr als drei Dutzend Architekten, Maler und Bildhauer von nationalem Rang.

Den Mittelpunkt des auf einer Fläche von 4200 m² errichteten symmetrischen, rhombusförmigen Baukörpers bildet der Smetana-Saal im ersten Stock. In ihm wurde 1918 die Republik ausgerufen, in ihm beginnt jedes Jahr mit der Aufführung von Smetanas sinfonischer Dichtung „Mein Vaterland" das Festival „Prager Frühling".

Das Erdgeschoß wird von einem stilvollen Restaurant und Café eingenommen, das Souterrain von einer Weinstube und einer Bierhalle. Daneben gibt es verschiedene Gesellschaftsräume, Salons und Spielhallen sowie im Dachgeschoß einen Ausstellungssaal.

Das große Mosaik zum Thema „Huldigung an Prag" über dem Portal schuf Karel Špillar, die Leuchten tragenden Atlanten auf den Balkonen Karel Novák. Ein besonderer Blickfang ist der von Alfons Mucha gestaltete Bürgermeistersaal im ersten Stock mit großformatigen Allegorien nationaler Themen.

Die Teynkirche war die Hauptkirche der Hussiten

russisch-orthodoxe Kirche, die die Kirche zwischen 1870 und 1914 als Gotteshaus nutzte, in der berühmten Harrachschen Glashütte in Harrachsdorf/Nordböhmen anfertigen lassen.

Heute dient St. Niklas der Hussitischen Religionsgemeinschaft als Hauptkirche.

Ursprünglich war die gewaltige

** Teynkirche *(Týnský chrám)* ⓭, die die Häuserzeile an der Ostfront des Rin-

Jugendstildetail in der Vodičkova

Polyglott **67**

WEG 3

ges überragt, die Hauptkirche der hussitischen Bewegung, denn hier predigte Jan Rokycana, ihr erster Erzbischof. Doch das Jahr 1620 bedeutete auch für dieses Gotteshaus eine schicksalhafte Wende: Der Goldene Kelch, das Symbol der böhmischen Reformation, wurde aus der Giebelstatue entfernt – ebenso wie die Inschrift „Die Wahrheit siegt". Ironie des Schicksals: Heute ziert die Statue das Präsidentenwappen.

Die Kirche, deren 70 Meter hohe Türme den gesamten Altstädter Ring dominieren, ruht auf romanischen und frühgotischen Fundamenten. Der jetzige Bau wurde 1339 begonnen, und die Arbeiten dauerten – mit längeren Unterbrechungen – bis 1511. Das prächtige Portal stammt aus der Bauhütte Peter Parlers, dem auch das gemeißelte Tympanon mit der Leidensgeschichte Jesu zugeschrieben wird (Kopie; Original in der Nationalgalerie des St.-Georgs-Klosters). Der Westgiebel und die beiden Türme wurden unter dem Hussitenkönig Georg von Podiebrad (1458 bis 1471) fertiggestellt. Das Innere des gewaltigen Kirchenraumes ist weitgehend barockisiert. Die Gemälde auf den Altären stammen von Karel Škréta.

- ⑰ Altstädter Ring
- ⑱ St.-Niklas-Kirche
- ⑲ Teynkirche
- ⑳ Ständetheater
- ㉑ Pulverturm
- ㉒ Repräsentationshaus
- ㉓ Auf dem Graben
- ㉔ Jüdisches Rathaus
- ㉕ Altneusynagoge
- ㉖ Alter jüdischer Friedhof
- ㉗ Kunstgewerbemuseum
- ㉘ Rudolfinum
- ㉙ Clementinum
- ㉚ Palais Clam-Gallas
- ㉛ Bethlehemskapelle
- ㉜ Wenzelsplatz
- ㉝ Kirche Maria im Schnee
- ㉞ Denkmal des hl. Wenzel
- ㉟ Nationalmuseum
- ㊱ Neustädter Rathaus
- ㊲ U Fleků

WEG 3

Polyglott 69

WEG 3

Hinter einer gotischen Kanzel steht die marmorne Grabplatte des dänischen Astronomen Tycho Brahe, den Rudolf II. 1597 nach Prag holte und der hier zusammen mit Johannes Kepler die Grundlagen für die Berechnung der Planetenbahnen entwickelte.

Vom ** Altstädter Ring führt die Železná ulice hinunter zum

Carolinum, der 1348 von Karl IV. gegründeten ersten mitteleuropäischen Universität. Ihr gotischer Prunkerker vermittelt noch einen Eindruck von seiner ursprünglichen Gestalt.

Daneben steht das herrlich restaurierte

*Ständetheater *(Stavovské divadlo)* ⓴, in dem 1787 Mozarts „Don Giovanni" uraufgeführt wurde. Der Namenswechsel dieses Theaters ist auch bezeichnend für das wechselhafte politische Geschick der Stadt: 1783 als böhmisches *Ständetheater* eröffnet, wurde es Mitte des 19. Jahrhunderts in *Deutsches Landestheater* umbenannt; ab 1920 hieß es wieder *Ständetheater,* und 1945 wurde es nach Josef Kajetán Tyl, dem Textdichter der tschechischen Nationalhymne, *Tyl-Theater* benannt. Seit 1991 heißt es nun wieder *Ständetheater.*

Dem Theater gegenüber steht die gotische **Galluskirche** *(Kostel sv. Havla),* die der sogenannten Gallistadt ihren Namen gegeben hat. Die Kirche, die zu den wichtigsten Sakralbauten der Altstadt zählt, wurde nur teilweise barokkisiert, so daß das gotische Rippengewölbe noch besteht. In einer Seitenkapelle ist Karel Škréta, der bedeutendste böhmische Barockmaler, begraben.

Von dem einst riesigen Gallusmarkt zeugen nur noch die gotischen Laubengänge, unter denen die Kaufleute im Mittelalter ihre Waren anboten. Geblieben sind von diesem Markt noch der Kohlenmarkt (Uhelný trh) im Westen und der Obstmarkt im Osten. Der *Obstmarkt* (Ovocný trh) liegt hinter dem *Ständetheater und mündet in die **Zeltnergasse** *(Celetná ulice),* den ersten

Abschnitt des Königsweges, ein. Diese Straße mit ihren zahlreichen historischen Bauwerken, ihren Weinstuben, Boutiquen und Galerien ist heute Teil der Fußgängerzone des ** Altstädter Rings. Sie hat sich zu einer Flanier- und Einkaufsmeile entwickelt. Besondere Beachtung verdient das Haus *Zur Schwarzen Muttergottes* (U Černé Matky boží, Nr. 34) an der Ecke zum Obstmarkt, eines der wichtigsten kubistischen Gebäude der Stadt (J. Gočár, 1911/12). An den ursprünglichen Barockbau erinnert noch das Hauszeichen, die „Jungfrau hinter Gittern".

Die Zeltnergasse endet – oder beginnt – bei einem der markantesten Gebäude der Stadt, dem

Pulverturm *(Prašná brána)* ㉑. Zunächst Teil der spätgotischen Stadtbefestigung, diente der 65 m hohe Bau im 18. Jahrhundert als Pulverturm. Begonnen wurde mit seiner Errichtung 1475 anläßlich der Krönung Vladislavs II. Jagello unter dem renommierten Baumeister Benedikt Ried. Doch der König zog bald danach auf die Burg, und damit schlief das Bauvorhaben wieder ein. Sein heutiges Aussehen wird trotz der gotischen Skulpturen von Matthias Rejsek von den Ergebnissen der Restaurierung bestimmt, die Josef Mocker gegen Ende des 19. Jahrhunderts im neugotischen Stil durchführte.

Neben dem Pulverturm lag früher der Königshof, von dem aus die Krönungszüge ihren Ausgang nahmen. Sie führten von der Zeltnergasse über Altstädter Ring, Karlsgasse, Karlsbrücke und Kleinseite zur Burg. An der Stelle des Königshofes steht heute das

Repräsentationshaus *(Obecní dům)* ㉒, das beeindruckendste Beispiel des Prager Jugendstils. Erbaut wurde es 1906 bis 1912 nach Entwürfen von Osvald Polívka und Antonín Balšánek. An seiner grandiosen Innenausstattung arbeiteten alle namhaften tschechischen Künstler jener Zeit, darunter A. Mucha und J. Preisler. Nach wie vor

WEG 3

bildet dieses Haus, in dem 1918 die Erste Republik ausgerufen wurde, eines der Zentren des gesellschaftlichen und kulturellen Lebens der Stadt. Im *Smetana-Saal* findet alljährlich die Eröffnung des „Prager Frühlings" statt.

Die opulent ausgeschmückten Räume des zum Haus gehörenden Restaurants laden zum Verweilen geradezu ein. Sollte es keinen Platz geben, so bietet sich gleich um die Ecke eine nicht weniger illustre Alternative: das französische Restaurant im Jugendstilhotel „Paříž". Nach dem Essen schlendert man am besten die Fußgängerzone der Straße

* **Auf dem Graben** *(Na příkopě)* ❷❸ bis zum Wenzelsplatz hinunter und genießt die heiter-beschwingte Atmosphäre einer zum Leben wiedererweckten mitteleuropäischen Metropole, mit all den Zutaten, die das geschäftige Herz einer Großstadt heute zu bieten hat: Straßentheatern und Straßenmusikanten, fliegenden Händlern und Losverkäufern, Wanderpredigern und Imbißständen – und Schaulustigen über Schaulustigen.

In der Straße Auf dem Graben sollte man das klassizistische *Slawische Haus* (Slovanský dům, bis 1945 als „Deutsches Haus" Treffpunkt der deutschen Gesellschaft) beachten; ferner das 1743 bis 1751 nach Plänen von K. I. Dientzenhofer erbaute *Palais Sylva-Tarouca* und das konstruktivistische *Kinderkaufhaus* (Dětský dům).

Die *Heiligkreuzkirche* (Kostel sv. kříže) ist die einzige Empirekirche in Prag. Das Haus *Zur schwarzen Rose* (Nr. 12), das im Mittelalter zur Universität gehörte, war einst eine wichtige Versammlungsstätte von deutschen Anhängern der hussitischen Bewegung. Im heutigen *Haus der Eleganz* (Dům elegance) eröffnete gegen Ende des 19. Jahrhunderts das erste Kaufhaus der Stadt.

Das Ständetheater war Prags erster fester Theaterbau

Gotischer Erker des Carolinums

Prager Jugendstil in schönster Form: das Repräsentationshaus

Polyglott **71**

Weg 4

Im Reich des Golems

Die alte Judenstadt (Josefov) und die westliche Altstadt

Wegdauer: 3 bis 4 Stunden

Verkehrsmittel: Ⓜ zur Station Staroměstská (Altstadt)

Ziel: Nationalstraße

Die jüdische Tradition in Prag ist fast so alt wie die Stadt selbst. Die ersten Juden waren Händler, die sich am Fuß des Hradschin oder des Vyšehrad niederließen. Die frühesten Belege der Siedlung jüdischer Geschäftsleute im Bereich der späteren Altneusynagoge stammen aus dem Jahr 1091.

Doch mit den ungestörten Geschäften war es bald wieder vorbei. Nur wenige Jahre später nahmen christliche Nachbarn den Aufruf Papst Urbans II. zum Kreuzzug allzu wörtlich: Sie plünderten die jüdischen Siedlungen und zwangen ihre Bewohner zur Taufe. Zum „Schutz" der Juden wurde ein ummauertes Stadtviertel angelegt – die „Judenstadt" –, was die folgenden Pogrome nicht verhindern konnte, aber den jüdischen Siedlungsraum für Jahrhunderte festschrieb.

Trotz der beengten Verhältnisse entwickelte sich im Ghetto ein vielfältiges intellektuelles und kulturelles Leben, das sich vor allem im Bau und in der Ausstattung der Synagoge der Ghettobewohner, der ältesten Synagoge in Europa, ausdrückte. In der Stadt wurde zudem 1512 die erste hebräische Druckerei in Mitteleuropa eingerichtet, und hier wirkte der legendäre Rabbi Löw, auf den die Golem-Legende zurückgeht. Mordechaj Markus Maisel, der Finanzberater Rudolfs II., ließ als Bürgermeister die Straßen der Juden-stadt pflastern, baute das Rathaus und die nach ihm benannte Synagoge, richtete eine Talmudschule ein und stiftete ein Krankenhaus.

Das im Jahr 1781 durch Joseph II. erlassene Toleranzpatent verbesserte auch die Rechtsstellung der Juden: Die Ghettomauer wurde niedergerissen. Doch erst das Revolutionsjahr 1848 brachte auch ihnen das volle Bürgerrecht.

1850 wurde das Viertel der Verwaltung der Stadt Prag angegliedert und in „Josephstadt" – Josefov – umbenannt.

Damit war allerdings auch das Schicksal der historischen Judenstadt besiegelt: 1893 unterzeichnete Kaiser Franz Joseph I. das „Assanierungsgesetz", welches den Startschuß gab, 260 Wohnhäuser dem Erdboden gleichzumachen, um Raum für Neubauten zu gewinnen.

Daß man diese unersetzlichen Kulturgüter heute besichtigen kann, ist – so paradox das klingt – dem Dritten Reich zu verdanken. Um die „Endlösung der Judenfrage" für die Nachwelt zu dokumentieren, erklärten die Nationalsozialisten die historischen jüdischen Einrichtungen zum „Museum einer ausgerotteten ethnischen Gruppe", und ließen sakrale Gegenstände und historische Dokumente aus allen Landesteilen nach Prag bringen. Auf diese Weise entstand die größte historische Dokumentation der jüdischen Kultur in Mitteleuropa.

Von der Metrostation erreicht man zunächst die im Renaissancestil erbaute *Pinkassynagoge,* die nach dem Zweiten Weltkrieg zu einer Gedenkstätte für die jüdischen Opfer des Nationalsozialismus umgestaltet wurde. An den Wänden stehen die Namen von 77 297 Juden aus Böhmen und Mähren, die in Konzentrationslagern ums Leben kamen.

Die *Maiselsynagoge* in der gleichnamigen Straße (Maislová) wurde von 1590 bis 1592 vom Großfinanzier und Bür-

72 Polyglott

germeister der Judenstadt, Mordechaj Markus Maisel, als Familiensynagoge errichtet.

Die *Hohe Synagoge* (Ecke Maislová/ Červená) wurde in der zweiten Hälfte des 16. Jahrhunderts errichtet und im 19. Jahrhundert im neugotischen Stil umgestaltet. Ihr Name rührt daher, daß sich der eigentliche Kultsaal im ersten Stock befindet. Er dient heute als Ausstellungsraum für synagogale Textilien (Vorhänge, Thoramäntel u. a.). Das benachbarte **Jüdische Rathaus** ❷ ist das einzige jüdische außerhalb Israels. Charakteristisch sind die beiden Uhren am barocken Glockenturm. Eine besitzt ein hebräisches Zifferblatt, und ihre Zeiger gehen linksherum.

Direkt gegenüber liegt das architekturgeschichtlich wertvollste Denkmal der Josephstadt, die

Altneusynagoge ❷. Sie gehört zu den ersten frühgotischen Bauten in Prag, ist zudem die älteste Synagoge in ganz Europa und wird heute noch als Gotteshaus genutzt. Der hohe Backsteingiebel stammt aus der zweiten Hälfte des 15. Jahrhunderts. Ursprünglich hieß sie *Neue* oder *Große Synagoge*. Erst nach dem Bau weiterer Synagogen erhielt sie ihren heutigen Namen.

Im Vorraum, dem baulich ältesten Teil, sieht man eine Truhe, die zur Aufbewahrung der Judensteuer bestimmt war. Sie war einst am Sabbat und an jüdischen Feiertagen an die Steuereintreiber der jüdischen Gemeinde zu entrichten. Den zweischiffigen Hauptraum, der von Zisterzienserbaumeistern errichtet wurde, überspannt ein auf sechs Pfeilern ruhendes Gewölbe. Da ihn nur Männer betreten durften, wurde für Frauen eine eigene Galerie errichtet.

Zu den bedeutendsten jüdischen Gedenkstätten der Welt gehört der

Alte jüdische Friedhof ❷. Bis 1787 wurden hier alle in Prag ansässigen

Die Jubiläumssynagoge

Wohnen mit Stil: attraktive Bürgerhausfassade

Die Altneusynagoge, älteste Synagoge in Europa

Polyglott **73**

WEG 4

Juden bestattet. Insgesamt ruhen auf dem winzig kleinen Areal mehr als 200 000 Tote. Der älteste der etwa 12 000 Grabsteine gehört dem Dichter Avigdor Karo (✝ 1439), der jüngste Moses Beck (✝ 1787).

Die ältesten Grabmäler sind aus Sandstein gehauen, die jüngeren aus Marmor. Das meistbesuchte Grab gehört

Jehuda Löw ben Bezalel, besser bekannt als Rabbi Löw (✝ 1609), dem Vater des Golems. Der neoromanische Zeremoniensaal am Eingang des Friedhofes präsentiert eine Ausstellung von Kinderzeichnungen aus dem KZ Theresienstadt (Terezín).

Wer jetzt essen möchte, dem seien wahlweise zwei Restaurants in der

Vom mittelalterlichen Golem zum modernen Roboter

Es war die Zeit der „Goldmacher", der Alchimisten und Astrologen, die ihren Zeitgenossen mehr oder minder weismachen konnten, daß sie im Besitz von Geheimnissen seien, mit denen sie die Welt auf den Kopf stellen konnten. Einer dieser leichtgläubigen Zeitgenossen war Kaiser Rudolf II., dem der Engländer Eduard Kelly versprochen hatte, die Probleme seiner Staatskasse auf wundersame Weise zu lösen. In der Heimat hatte man Kelly wegen offensichtlicher Scharlatanerien schon die Ohren abgeschnitten, doch seine wissenschaftsgläubige Majestät erhob ihn in den Ritterstand und wies ihm eine noble Wohnung am Karlsplatz zu – das Fausthaus (s. Weg 7). Hier, so die Sage, soll der wißbegierige Doktor Faustus alias Eduard Kelly dem Teufel seine Seele verschrieben haben und durch die Decke seines Laboratoriums direkt zur Hölle gefahren sein.

Die Faustsage hat einen ernsthaften kultur- und geistesgeschichtlichen Hintergrund. Sie thematisiert die geistige Situation des Renaissancemenschen an der Schwelle vom Mittelalter zur Neuzeit, der sich zwar der Möglichkeiten seines Verstandes bewußt wird, aber immer wieder an seinen Grenzen scheitert.

Das neue Zeitgefühl machte auch vor dem Ghetto nicht Halt. Der begüterte Bürgermeister Mordechaj Markus Maisel stieg zum Privatbankier des Kaisers auf und schuf aus der alten Judenstadt ein modernes Stadtviertel. Als geistliches Haupt der Gemeinde stand dem Bankier der in Worms geborene Schriftgelehrte Jehuda Löw ben Bezalel zur Seite – besser bekannt als Rabbi Löw –, ein origineller Denker, der die jüdische Theologie und Philosophie tief beeinflußte. Als Rabbiner hatte er zunächst in Posen gewirkt, bevor er als Oberrabbiner und oberster Richter der jüdischen Gemeinde nach Prag berufen wurde.

Ihm hat die Nachwelt die Legende vom Golem, dem künstlichen Menschen aus Ton und Lehm, angedichtet. Danach soll er den Golem eines Nachts aus dem Schlamm, den die Moldau an ihre Ufer spülte, geschaffen haben. Um dies Wesen zum Leben zu erwecken, mußte das hebräische Zauberwort „Schem" ausgesprochen und ihm das Zeichen des Lebens in den Mund gelegt werden. Von seinem Schöpfer erhielt der Golem den Auftrag, Verbrechen in der jüdischen Gemeinde zu bekämpfen. Doch eines Abends vergaß der Rabbi, seiner Kreatur das Lebenszeichen wieder zu entfernen, und der von allen Fesseln befreite Golem entwickelte eine Zerstörungswut, der zunächst das Haus des Rabbis zum Opfer fiel. Rabbi Löw kam gerade noch rechtzeitig, bevor der Golem sein Vernichtungswerk vollenden konnte: Es gelang ihm, das Lebenszeichen wieder zu entfernen, und mit dem Aussprechen des „Schem" zerfiel der künstliche Mensch zu Asche und Staub.

Der Sage nach ruhen seine unsterblichen Reste unter dem Ziegelgiebel der Altneusynagoge.

4

Seite **68**

74 Polyglott

WEG 4

Maislová empfohlen – das stilvolle Restaurant *Kosher Shalom* im alten **Jüdischen Rathaus, das jeden Mittag garantiert koschere Speisen auf den Tisch bringt, oder die Weinstube *U Golema* (Zum Golem), in der der Wein direkt aus dem Faß kommt.

Das *Kunstgewerbemuseum *(Uměleckoprůmyslové muzeum)* ❷ bildet die

Alter jüdischer Friedhof: Fassadendetail des Zeremoniensaals

Der Nachwelt ist diese Geschichte, die auf einen jüdischen Bibelkommentar aus dem 13. Jahrhundert zurückgeht, durch die jüdische Sagensammlung „Sippurim" überliefert worden. Im 19. Jahrhundert wurde sie von verschiedenen Dichtern und Schriftstellern aufgegriffen, die die Golemfigur zu einer Allegorie des modernen Menschen hochstilisierten. Am bekanntesten wurden Gustav Meyrinks Golem-Roman und Egon Erwin Kischs Reportagen „Auf den Spuren des Golem". Auf die Leinwand gelangte der Golem 1920 durch den expressionistischen Stummfilm „Golem" von Paul Wegener (Drehbuch, Regie und Hauptrolle).

Die Golem-Legende läßt sich auch als eine Parabel auf unser wissenschaftliches Weltverständnis lesen. Demnach erscheint der Golem als der moderne Zauberlehrling, den man – einmal gerufen – nicht wieder los wird. Wir wissen heute, daß jeder Fortschritt erst mit neuen Gefahren und Risiken erkauft werden muß.

Der tschechische Schriftsteller Karel Čapek hat dieses Szenario bereits 1921 in seinem Drama „RUR" (Rossum's Universal Robots) entworfen. Hier geht es um die Herstellung künstlicher Menschen, die – als vollkommene Maschinen konzipiert – sich schließlich gegen die eigenen Schöpfer richten. Čapek nannte diese Geschöpfe „Roboter". Innerhalb kürzester Zeit hatte dieser Name alle Weltsprachen erobert.

Kinderzeichnung aus dem KZ Theresienstadt

Grab des Rabbi Löw auf dem Alten jüdischen Friedhof

Polyglott **75**

WEG 4

westliche Begrenzung des ***Alten jüdischen Friedhofs. Seine Sammlungen geben einen Überblick über die Entwicklung des Kunsthandwerks und des Kunstgewerbes von der Antike bis zum 19. Jahrhundert. Weltberühmt ist die Glassammlung.

Gegenüber dem Museum steht am Jan-Palach-Platz das herrlich restaurierte *Rudolfinum ㉘ (benannt nach dem österreichischen Kronprinzen) – auch *Künstlerhaus* (Dům umělců) genannt –, der neben dem **Nationaltheater wichtigste Neorenaissancebau der Stadt (Josef Zítek und Josef Schulz, 1876–1884). Zwischen 1918 und 1938 tagte hier das tschechoslowakische Parlament. Der große Konzertsaal – Dvořák-Saal – steht alljährlich im Zeichen des Musikfestivals „Prager Frühling".

Kreuzherrenplatz *(Křižovnické náměstí)*. Dieser Platz ist nicht nur einer der malerischsten, sondern auch einer der historisch bedeutendsten Plätze der Stadt. Dem Betrachter eröffnet sich hier ein geradezu überwältigender Blick auf das gesamte Moldaupanorama mit **Karlsbrücke, Kleinseite und Hradschin.

Die *St.-Franziskus-Kirche *(Kostel sv. Františka)* ⓮ mit dem ehemaligen Kloster der Kreuzritter nimmt die Nordseite des Platzes ein. Der über frühgotischen Fundamenten errichtete barocke Kuppelbau (J. B. Mathey, 1679–1689) besticht schon auf den ersten Blick durch seine Hauptfassade mit den Statuen der Madonna, des hl. Nepomuk und der böhmischen Landespatrone. Die Fresken in der Kuppel – die älteste in Prag – schuf W. L. Reiner, die Bilder über dem Altar J. Chr. Lischka. Die sogenannte Winzersäule an der Ecke zur Kreuzherrengasse (Křižovnická ul) trägt eine Statue des hl.Wenzel. Das neugotische *Denkmal Karls IV.* wurde zum 500. Gründungstag der Universität (1848) errichtet.

*Clementinum *(Klementinum)* ㉙. Das Gebäudeensemble des ehemaligen Je-

suitenkollegs erstreckt sich über eine Fläche von zwei Hektar und bildet nach der Prager Burg den größten geschlossenen Baukomplex im historischen Stadtkern. 1556 erwarben die von Ferdinand I. ins Land gerufenen Jesuiten das Areal und begannen, es systematisch zur Schaltstelle der Gegenreformation in Böhmen auszubauen. Zunächst wurde eine Schule eingerichtet, dann folgten eine Druckerei und ein Theater. Nach 1622 erhielt der Orden auch die Verwaltung der Karlsuniversität.

Die ursprüngliche *St.-Clemens-Kirche* wurde von K. I. Dientzenhofer 1711 bis 1715 barockisiert und von M. B. Braun mit Skulpturen ausgestattet. Heute dient das Gotteshaus, das man von der Karlsgasse betritt, der Griechisch-katholischen Kirche.

Die dem Kreuzherrenplatz zugewandte *St.-Salvator-Kirche ⓯, ist der bedeutendste sakrale Renaissancebau Prags. Ursprünglich war er in das Clementinum einbezogen. Seine Barockisierung nach 1620 gipfelt in dem als Triumphbogen gestalteten Portikus vor der Fassade, der den Sieg des Katholizismus über seine Widersacher verherrlicht.

Der größte Bau des Komplexes ist das ehemalige *Kolleggebäude,* dessen Hauptfassade mit seinen 22 Fensterachsen der Straße zugewandt ist. Es wurde zwischen 1653 und 1726 errichtet. Zu seinen bedeutendsten Räumlichkeiten gehört die Bibliothek im ersten Stock und die Spiegelkapelle (F. M. Kaňka), zu der man über den dritten Innenhof gelangt. Heute beherbergt das Clementinum die Nationalbibliothek.

Karlsgasse *(Karlová ulice)*. Die Karlsgasse verbindet den **Altstädter Ring mit der **Karlsbrücke und gehört zum einstigen Königsweg. Die enge und belebte Gasse wird von mittelalterlichen Häusern gesäumt, die teils auf romanischen, teils gotischen Fundamenten stehen und heute meistens eine Renaissance- oder Barockfassade tragen. An

76 Polyglott

WEG 4

der Ecke zur Seminargasse (Seminařská) zieht das Haus *Zum goldenen Brunnen* (U zlaté studně) den Blick auf sich. Dieses 1701 von J. O. Mayer erbaute und kürzlich restaurierte Bürgerhaus stellt eines der Prunkstücke der Altstadt dar und ist typisch für ihre gesamte Baugeschichte: ein über romanischen Mauern errichteter Renaissancebau mit einer barockisierten Fassade.

An der Ecke zur Husgasse steht das mächtige *Palais Clam-Gallas* ③ (Fischer von Erlach, 1715–1730), das heute das Stadtarchiv beherbergt. Die steinernen Giganten, die den Eingang bewachen, schuf Matthias B. Braun. Das Treppenhaus gilt als das prächtigste des Prager Barock. Das Deckenfresko im Innern stellt die Götter auf dem Olymp dar und stammt von Carlo Carlone.

Das Clementinum

Auch die Husgasse (Husova třída) ist reich ein historischen Gebäuden. Das einzige sakrale Gebäude ist die zweitürmige *St.-Ägidius-Kirche* (Kostel sv. Jiljí), die zunächst den Hussiten gehörte und nach der Schlacht am Weißen Berg (1620) den Dominikanern überlassen wurde. Die Innenausstattung des gotischen Baukörpers ist barock. Die Fresken stammen von Wenzel Lorenz Reiner, der im linken Kirchenschiff begraben liegt.

In der Kettengasse (Řetězová ulice) steht das *Haus der Herren von Kunstadt und Podiebrad* (Dům pánů z Kunštátu a z Poděbrad), das dem Hussitenkönig Georg von Podiebrad (1458 bis 1471) einige Jahre als Domizil diente. Es ist das besterhaltene romanische Wohnhaus der Stadt. Im prächtigen Kellergewölbe sind archäologische Funde aus der ältesten Zeit der Stadtgeschichte zu sehen.

Die Husgasse mündet schließlich in den Bethlehemsplatz (Betlémské náměstí) mit der *Bethlehemkapelle* (Betlémská

Stets schmücken Blumen das Jan-Palach-Denkmal

Polyglott **77**

kaple) **❸**. Von diesem schlichten Bau gingen seinerzeit die wesentlichen Impulse für die hussitische Bewegung und die böhmische Reformation aus: Hier predigte von 1402 bis 1413 der Universitätsprofessor Johannes Hus vor mehr als 3000 Hörern und forderte eine Kirche der armen Priester, und hier verkündete 1521 der deutsche Bauernführer und Reformator Thomas Müntzer seine radikalen Thesen. Nach dem Dreißigjährigen Krieg erhielten die Jesuiten die Kapelle. Nach der Aufhebung des Ordens 1773 durch Papst Klemens XIV. wurde sie abgerissen (1786). Erhalten blieben nur ein Teil der Außenwände mit Wandmalereien. Der jetzige Bau ist das Ergebnis einer sorgfältigen Rekonstruktion nach historischen Plänen (J. Fragner, 1950–1954). Rekonstruiert wurde auch das *Predigerhaus,* in dem Johannes Hus lebte.

Die Westseite des Platzes bildet das Haus *U Halánků,* das im 19. Jh. von dem tschechischen Industriellen und Mäzen V. Náprstek erworben wurde. Es beherbergt gegenwärtig das nach ihm benannte Museum für Völkerkunde.

Von hier aus ist es nur noch ein Katzensprung zur Nationalstraße. Jetzt ist die beste Gelegenheit zum Besuch eines typischen Prager Bierhauses, z.B. der gutbürgerlichen Gaststätte *U medvídku* (Zu den Bären, Na Perštyně 7), die Budweiser vom Faß ausschenkt.

Die ebenfalls sehr zu empfehlende Bierhalle *U zlatého tygra* (Zum goldenen Tiger, Husova ulice 17), seit Jahren Stammlokal von Bohumil Hrabal, dem berühmtesten Erzähler des Landes, geriet im Januar 1994 in die internationalen Schlagzeilen, als hier zwei Staatspräsidenten, nämlich Václav Havel und Bill Clinton, kurz auf ein Pilsener einkehrten.

Der Name des traditionsreichen *U Pinkasů* (Beim Pinkas, Jungmannovo náměsti 15) hat für jeden Prager Bierkenner einen besonderen Klang, denn hier wurde das erste Pilsener Urquell ausgeschenkt.

Weg 5

Nobelmeile mit Kehrseite

Der ** Wenzelsplatz (Václavské náměstí)

Wegdauer: 2 bis 3 Stunden

Verkehrsmittel: Ⓜ zum Wenzelsplatz, Station Můstek

Der ** Wenzelsplatz ❸ hat zwei Gesichter – ein weltstädtisch-elegantes am Tage, ein schrill-erotisches in der Nacht. An keiner anderen Stelle zeigt es „Mütterchen Prag" („Praha" ist im Tschechischen weiblich) so deutlich wie hier, daß sie auch eine Frau sein kann, die durchaus eine Sünde wert ist.

Abends wechselt sie die Schminke. Wenn die Neonlichter angehen, verwandelt sich die distinguierte Dame in eine lebenslustige Kokotte, die nur den Augenblick genießen will – eine Geliebte für einige Stunden. Tagsüber ist davon wenig zu spüren. Dann wimmelt der Platz von Schaulustigen aus aller Welt, die nach den anstrengenden historischen Rundgängen noch schnell Shopping gehen oder einfach nur relaxen wollen.

Neben der Prager Burg und dem Altstädter Ring gehört der Wenzelsplatz zu den drei belebtesten Sehenswürdigkeiten der Stadt. Auch hier muß selbst der eiligste Tourist einmal Halt gemacht haben. Der Wenzelsplatz ist der bedeutendste politische Versammlungsort der Republik, er war der Schauplatz von Massendemonstrationen und großen Kundgebungen (1848, 1918, 1948, 1968 und 1989). Mit seinen 750 Metern Länge und 60 Metern Breite macht er heute mehr den Eindruck eines Boulevards, dessen Optik von mondänen Hotels, exquisiten Bou-

78 Polyglott

WEG 5

tiquen, Modehäusern, Kinos, Theatern und Nachtbars bestimmt wird.

Im Zuge der von Karl IV. 1348 gegründeten Neustadt angelegt, wurden hier zunächst Pferdemärkte abgehalten. Daher auch der ursprüngliche Name *Roßmarkt*. Seinen jetzigen Namen erhielt der Platz 1848. Bis 1875 bildete die Stadtmauer mit dem Roßtor seine südliche Begrenzung, dann mußte sie dem Bau des monumentalen Nationalmuseums weichen.

Am unteren (nördlichen) Ende, an der Metrostation *Můstek,* bildet der Platz mit den hier zusammenlaufenden Straßen das sogenannte Goldene Kreuz. Der Name sagt alles über die wirtschaftliche Bedeutung dieses Knotenpunktes: Die Straße *Auf dem Graben *(Na příkopě)* ist das traditionelle Bankenviertel, die **Nationalstraße** *(Národní třída)* säumen Kaufhäuser und Versicherungen, und der Wenzelsplatz ist das Einkaufszentrum schlechthin mit Grundstückspreisen von Weltniveau.

Um einen Eindruck von dem zu erhalten, was Karl IV. eigentlich mit diesem Platz vorhatte, muß man einen Abstecher zum Jungmannplatz (s. Weg 1) machen. Dort liegt der Eingang zur **Kirche Maria im Schnee** *(Kostel Panny Marie Sněžné)* ㉝. Noch bis ins 19. Jahrhundert hinein beherrschte ihr riesiger Baukörper die Silhouette der Neustadt, dann wurde der Blick auf sie zugebaut. Geplant war ursprünglich eine Kathedrale, die Dimensionen des St.-Veits-Doms noch übertreffen sollte. Verwirklicht wurde aber nur das 35 m hohe Schiff, dann stoppten die Hussitenkriege die Weiterarbeit. Jan Želivský, der Wortführer des radikalen Hussitenflügels, rief von hier seine Anhänger zum Sturm auf das Neustädter Rathaus auf, der mit dem Ersten Prager Fenstersturz endete

Vom „Goldenen Kreuz" aus gesehen, steht gleich links der *Palast Koruna* (Nr. 1), ein Geschäfts- und Verwaltungsgebäude, das 1911–1914 im Jugendstil errichtet wurde. An weiteren bemerkenswerten Gebäuden folgen das *Hotel Ambassador* (Nr. 5, 1912) und das *Hotel Zlatá Husa* (Zur goldenen Gans, Nr. 7, 1910). In der „guten alten Zeit" war das elegante Ambassador ganz auf die Bedürfnisse der adligen Gesellschaft zugeschnitten, während sich im benachbarten *Evropa* das reich gewordene Bürgertum amüsierte. Im *Palais Assicurazioni Generali* (Nr. 19, 1895) war die Versicherungsgesellschaft zu Hause, in der Franz Kafka in seiner ersten Stellung als Versicherungsangestellter arbeitete.

Die prächtige Jugendstilfassade des **Hotel Evropa** (Nr. 25, 1903–1906) gehört zu den meistfotografierten Sehenswürdigkeiten der Stadt. Hinter der schweren Drehtür glaubt man sich um hundert Jahre zurückversetzt, ins Prag des Fin de siècle, in eine Welt pompöser Dekadenz und prachtvoller Kitschentfaltung. Das Evropa war in den zwanziger Jahren der Treffpunkt der Prager Boheme. Hier schwangen zu den Klängen des Salonorchesters begüterte Damen das Tanzbein mit ihren Gigolos, die plüschigen Séparées waren Schauplatz ungezählter Affären und Skandale.

Das *Hotel Jalta* (Nr. 45, 1955–1957) galt in den sozialistischen Jahren als das Renommierhotel der Stadt, allerdings auch als das Haus mit den meisten „Ohren". Es stand völlig unter Kontrolle des tschechischen Geheimdienstes. Alle Zimmer waren „verwanzt". Wollte man sich etwas Vertrauliches mitteilen, dann ging man am besten auf den Flur hinaus.

Das *Haus der Lebensmittel* (Dům potravin, Nr. 59, 1954–1957) gehörte zu den wenigen Gebäuden, die durch Luftangriffe in den letzten Tagen des Zweiten Weltkriegs zerstört wurden.

Auf der rechten Seite führt der Weg zunächst am konstruktivistischen *Kaufhaus Baťa* (Nr. 6, 1928–1929) vorbei, das von dem Großunternehmer der Ersten Republik und „Schuhkönig" Tomáš Baťa errichtet wurde.

WEG 5

Ein Gesamtkunstwerk im Sinne des Jugendstils stellt das **Peterka-Haus** (*Peterkův dům,* Nr. 12) dar, das 1899 vom Begründer der modernen tschechischen Architektur Jan Kotěra, einem Schüler Otto Wagners, errichtet wurde.

Das barocke *Hotel Adria* (Nr. 26, 1784–1789) ist das älteste Gebäude am Wenzelsplatz. Durch die Passage des konstruktivistischen *Alfa-Palastes* (Nr. 28, 1926–1928) gelangt man in eine kleine Oase der Stille inmitten des Großstadttrubels, in den **Franziskanergarten.** In der Passage selbst ist das bekannte Theater *Semafor* zu Hause.

Das neugotische *Wiehl-Haus* (Wiehlův dům, Nr. 34) stammt von 1896. Die künstlerische Ausgestaltung der Fassade geht auf Entwürfe von Mikoláš Aleš zurück. Vom Balkon des *Melantrich-Hauses* (Nr. 36, 1911–1912) hielt Václav Havel im November 1989 die Ansprache, die das Signal zum Sturz des alten sozialistischen Regimes war.

Das neugotische Wiehl-Haus

Der **Lucerna-Palast** (Nr. 38) wurde zwischen 1912 und 1916 von Václav Havel, einem Onkel des jetzigen Staatspräsidenten, errichtet. Der für damalige Verhältnisse riesige Gebäudekomplex bescherte Prag ein neues kulturelles und gesellschaftliches Zentrum, das den Charakter des Wenzelsplatzes bis heute wesentlich mitbestimmt. Der *Fénix-Palast* (Nr. 54) wurde 1929 von Joseph Gočár errichtet, das *Haus der Mode* (Dům mody, Nr. 58) ist ein Nachkriegsbau.

Seite 69

Der Ort, der für die jüngere Geschichte des Landes mit den stärksten nationalen Emotionen verbunden ist, ist zweifellos das **Denkmal des hl. Wenzel** *(Pomník sv. Vaclava)* ❸❹ am oberen Platzende, vor dem Nationalmuseum. Hier feierten die Prager 1918 den Gründungstag der selbständigen Tschechoslowakei, hier fanden 1968 die heftigsten Demonstrationen gegen die Okkupation des

Lucerna-Palast: ein Blickfang

Polyglott **81**

Landes durch die Truppen des Warschauer Paktes statt, und hier ist auch die Gedenkstätte für die Opfer des Kommunismus – allen voran Jan Palach, der sich im Januar 1969 aus Protest gegen die Besetzung des Landes selbst verbrannte. Das Reiterdenkmal des Landespatrons wurde 1912 von Josef Václav Myslbek geschaffen. Die Statuengruppe am Podest stellt die Heiligen Agnes, Adalbert, Prokop und Ludmilla dar. Bis 1879 stand an dieser Stelle das 1678 von J. G. Bendel angefertigte barocke Reiterstandbild des hl. Wenzel, das heute auf dem **Vyšehrad zu sehen ist. Überragt wird das Denkmal von der baulichen Dominante des gesamten Platzes, dem

*Nationalmuseum ㉟. Das im Stil der Neorenaissance errichtete Gebäude, dessen Fassade vermutlich der Ostfassade des Louvre nachempfunden ist, entstand nach Plänen von J. Schulz zwischen 1885 und 1890. Die Eingangshalle, die Treppenhäuser, die Galerien und vor allem die Kuppel zieren Gemälde zur nationalen Geschichte sowie Büsten bedeutender Tschechen. Mit der Zusammenstellung der einzelnen Sammlungen des Museums wurde bereits 1818 begonnen. Aus Platzgründen mußten einige ausgelagert werden, so daß im Hauptgebäude nur Exponate der naturwissenschaftlichen und historischen Sammlung zu sehen sind. Die Bibliothek umfaßt etwa eine Million Bände. ◷ Mi 9–21, Do–Mo 9–17 Uhr.

Östlich schließen sich an das Museum zwei bedeutende Bauten an, das *Neue Parlamentsgebäude* (1867–1973, K. Prager, J. Albrecht und J. Kadeřábek) und die neoklassizistische **Staatsoper** (*Státní opera;* vormals **Smetana-Theater**). Das Repertoire der von den Wiener Architekten Ferdinand Fellner und Hermann Hellmer als „Neues Deutsches Theater" errichteten Bühne umfaßt vor allem Werke des Musiktheaters – Operette, Musical, Ballett. Einen kurzen Fußmarsch entfernt liegt ein weiteres Jugendstiljuwel, der sorgfältig restaurierte *Hauptbahnhof* (s. Weg 6).

Weg 6

Vom Jugendstil zum Mittelalter

Durch die obere Neustadt

Wegdauer: 3 bis 4 Stunden

Verkehrsmittel: Ⓜ zur Station Hlavní nádraží (Hauptbahnhof)

Ziel: Karlsplatz, Metrostation Karlovo náměstí (Karlsplatz)

Hier ist ein lockerer Bummel durch die Jahrhunderte angesagt, der aber praktisch rückwärts geht – und nach dem Neustädter Rathaus wartet als „süffiger" Ausklang das U Fleků.

Auch der *Hauptbahnhof* (Hlavní nádraží) mit seiner großen Kuppel, flankiert von zwei Türmen mit Glashauben, ist ein Prunkstück des Prager Jugendstils. Nach Entwürfen von J. Fanta zwischen 1901 und 1909 errichtet, wurde der gesamte Komplex Ende der siebziger Jahre unter Leitung der Architekten Jan Šrámek und Alena Šrámková restauriert und 1980 durch eine neue Abfertigungshalle mit der Metrolinie C verbunden.

Hinter dem kleinen Vrlický-Park beginnt die Jerusalémská, die zur *Jubiläumssynagoge* (1905–1906) führt.

Weiter geht es zum *Heumarkt* (Senovážné náměstí). Zusammen mit dem Wenzelsplatz, dem ehemaligen Roßmarkt, und dem Karlsplatz, dem ehemaligen Rindermarkt, veranschaulicht er die enormen Dimensionen, in denen Karl IV. die Neustadt anlegen ließ.

Die gotische *St.-Heinrichs-Kirche* (Kostel sv. Jindřicha) wurde 1348–1351 als Pfarrkirche für die Neustadt errichtet, im 18. Jh. jedoch barockisiert und mit Fresken von W. L. Reiner ausgestaltet.

82 Polyglott

WEG 6

Durch die Heinrich-Straße (Jindřišská ulice) geht es am dem luxuriös renovierten Jugendstilhotel **Palace** – jetzt wieder eine der feinsten Adressen der Stadt – vorbei zum Wenzelsplatz (s. Weg 5).

In der geschäftigen Vodičková ulice, die reichlich Gelegenheit für einen schnellen Imbiß bietet, fällt vor allem ein Gebäude auf, das ehemalige Kaufhaus **U Nováků** (Nr. 30), das 1902–1903 errichtet wurde. Der Architekt Osvald Polívka konzipierte die zweigeschossige Halle dieses völlig im Jugendstil durchgestalteten Hauses nach dem Vorbild der Pariser Kaufhäuser. Die Fassadenmosaike nach einer Vorlage von Jan Preisler symbolisieren die Themen Wirtschaft und Industrie.

Der Karlsplatz *(Karlovo náměstí)*. Mit 500 m Länge und 150 m Breite ist der Karlsplatz der größte Platz Prags. Er spielte die zentrale Rolle für die städtebauliche Vision Karls IV. In seiner Mitte ließ er einen Holzturm errichten, in dem jedes Jahr die Reichskrönungskleinodien und die Reliquiensammlung des Kaisers ausgestellt wurden.

Die im 19. Jahrhundert geschaffene Grünanlage verleiht dem Platz heute den Charakter eines ausgedehnten Parks. Dominierendes Bauwerk ist das

** **Neustädter Rathaus** *(Novoměstská radnice)* ❸ an seiner Nordseite. Vermutlich um 1348 begonnen, erstreckte sich der Bau über mehrere Etappen. Der älteste Teil ist der zur Vodičková ulice hin gelegene Ostflügel mit den Ratsräumen, der schon 1377 erwähnt wird. Es folgte der Südflügel mit den Amtsstuben, der dann im 16. Jahrhundert im Stil der Renaissance umgebaut wurde.

Das gleiche Schicksal widerfuhr dem wuchtigen Eckturm aus den Jahren 1451–1456.

Eine das gesamte Ensemble umfassende Umgestaltung im Empirestil wurde 1906 wieder rückgängig gemacht, so daß das Rathaus heute wieder das Aussehen von 1526 hat.

Das Neustädter Rathaus mit seinem wuchtigen Turm

Der Jugendstil-Hauptbahnhof

Polyglott **83**

WEG 6

Geschichte, ja Weltgeschichte machte das Rathaus 1419 durch den Ersten Prager Fenstersturz.

In einer Gasse hinter dem Rathaus wartet einer der touristischen Höhepunkte jeder Prag-Reise, das

*U Fleků (*Beim Fleck,* Křemencov 11) **➂⑦**, ein traditionsreiches Bierlokal mit zahlreichen Gasträumen und rund 500 Gartenplätzen. Diese kleinste der Prager Brauhäuser begrüßt den Gast durch eine Uhr, auf der die Ziffern durch den Namen des Hauses ersetzt sind. Mit dieser Kuriosität besitzt Prag drei außergewöhnliche Uhrwerke: die Astronomische Uhr am Altstädter Rathaus, an der man neben der Uhrzeit den Stand der Planeten ablesen kann und die damit den Eindruck vermittelt, als befände man sich am Nabel der Welt; die Uhr am alten Jüdischen Rathaus, die ein hebräisches Zifferblatt besitzt und deshalb rückwärts (linksherum) läuft, kündet von der alttestamentlichen Frömmigkeit und Gelehrsamkeit, die einst das Leben im Ghetto bestimmte. Man hat in der Tat das Gefühl, hier sei die Zeit stehengeblieben. Und bei U Fleků dreht sich eben alles ums Bier – selbst die Uhr. Wer erst einmal das erste süffige „Dunkel" hinter sich hat, braucht sich für den Rest des Tages nicht mehr viel vorzunehmen.

Prager Fensterstürze

Der Zweite war der folgenreichste: Am 23. Mai 1618 warfen protestantisch gesonnene Adlige im Handgemenge zwei Statthalter ihrer katholischen Majestät Ferdinand II. und einen Sekretär aus einem Fenster der Prager Burg. Sie überlebten diesen Gewaltakt ohne größere Blessuren, denn ein Misthaufen milderte ihren Sturz. Um so schlimmer waren die Folgen für Böhmen und Europa: Der Dreißigjährige Krieg bescherte ganz Europa eine Epoche ständiger Verwüstungen und allgemeiner Verelendung. Zwar kehrte nach der Schlacht am Weißen Berg 1620 in Böhmen selbst wieder Ruhe ein, doch zu welchem Preis – 22 tschechische und fünf deutsche oppositionelle Adlige wurden auf dem Altstädter Ring öffentlich hingerichtet. Für nahezu zwei Jahrhunderte beherrschte der Katholizismus das Land, Andersgläubige wurden zwangsbekehrt oder mußten auswandern.

Der Erste Prager Fenstersturz spielte sich zweihundert Jahre vorher ab. Am 30. Juli 1419, vier Jahre nach der Verbrennung des Prager Reformators Jan Hus auf dem Konstanzer Scheiterhaufen, zogen zahlreiche Anhänger der hussitischen Lehre – angeführt von dem radikalen Prediger Jan Želivský – von der Kirche Maria im Schnee zum Neustädter Rathaus, um dort gegen die Inhaftierung von Glaubensgenossen zu protestieren. Als sie dort mit einem Steinwurf empfangen wurden, stürmte eine Abordnung die Ratsstube und warf die Stadtoberen zum Fenster hinaus – geradewegs auf die Spieße und Lanzen der unten wartenden Menge. Das war das blutige Fanal zum Auftakt der Hussitischen Revolution, die das blühende Land verheerte und Böhmen den Ruf einer unverbesserlichen Ketzerheimstatt eintrug.

Der letzte Fenstersturz liegt erst knapp ein halbes Jahrhundert zurück: Am 10. März 1948 stürzte Jan Masaryk, Sohn des Republikgründers Tomáš G. Masaryk und amtierender Außenminister, aus dem Fenster seines Dienstzimmers im Czernin-Palais. Bis heute ist nicht geklärt, ob es sich um Selbstmord oder einen Akt politischer Liquidierung handelte. Vieles spricht für die letztere Version: Nach dem Februarputsch von 1948 war Jan Masaryk als einziger Nichtkommunist im Kabinett unter dem Altstalinisten Klement Gottwald verblieben.

Weg 7

Blick in Libušes Badezimmer

Auf dem ** ** Vyšehrad

Verkehrsmittel: Ⓜ zur Station Karlovo náměstí (Karlsplatz)

Ziel: Kulturpalast, Metrostation Vyšehrad

Einst Wohnstatt der sagenhaften Reichsgründerin, heute letzte Ruhestätte großer Tschechen – auf dem Vyšehrad wird der slawische Mythos greifbar.

In der Krypta der Kyrill-und-Method-Kirche

Von der Metrostation sind es nur wenige Meter zur Kirche * **St. Kyrill und Method** ㊳ auf der linken Seite der Straße Resslova. Dieser um 1730 von K. I. Dientzenhofer errichtete Bau ist seit 1935 im Besitz der Tschechoslowakischen Orthodoxen Kirche.

1942 erlangte die Kirche als Versteck der Heydrich-Attentäter traurige Berühmtheit. An den hoffnungslosen, verzweifelten Widerstand der Fallschirmspringer, die sich in der Krypta versteckt hatten und deren Versteck verraten worden war, erinnert eine Gedenktafel.

Das Fausthaus

Den wichtigsten sakralen Baukörper am Karlsplatz bildet die Kirche * **St. Ignatius** *(Kostel sv. Ignáce)* ㊴ an der Ecke zur Ječná ulice. Erbaut wurde sie 1665–1668 vom kaiserlichen Baumeister Carlo Lurago als Kirche eines Jesuitenkollegs (Nr. 36, heute Poliklinik). Das Portal schmückt eine Fassade des Namenspatrons im Strahlenkranz. Das Innere besticht durch herrliche Stukkaturen

Prager Fenstersturz 1618, Fotogravüre nach einem Gemälde

Polyglott **85**

WEG 7

sowie durch Gemälde von J. Heintsch, Karel Škréta und Ignaz Raab.

Am Südrand des Platzes, an der Straße Vyšehradská, steht das sogenannte

*Fausthaus *(Faustův dům,* Nr. 40) ④⓪, ein Bau der Spätrenaissance, der im 18. Jahrhundert barockisiert wurde. Seinen Namen hat das Haus zwei Chemikern zu verdanken, die hier ihre Versuche durchführten. Der erste war der englische Alchimist Edward Kelly, der vom wissenschaftsgläubigen Kaiser Rudolf II. nach Prag geholt worden war, um hier Gold herzustellen, aber von dessen Nachfolger Matthias wegen der Erfolglosigkeit seiner Experimente ins Gefängnis geworfen wurde. Der zweite war Ferdinand A. Mladota, der hier zu Anfang des 18. Jahrhunderts ein chemisches Labor einrichtete. Um beide Gestalten wob der Volksmund die Legende, in diesem Haus habe Dr. Faustus um der Entdeckung naturwissenschaftlicher Geheimnisse willen seine Seele dem Teufel verschrieben. Heute ist hier die Apotheke der Poliklinik.

Die Vyšehradská führt in Richtung Süden zum Vyšehrad. Dabei passiert sie zwei bedeutende Sakralbauten: Auf der linken Straßenseite liegt das ehemalige, 1347 gegründete

*Emmauskloster *(Emauzy* oder *Klášter na Slovanech)* ④①, dem Karl IV. die Pflege der slawischen Liturgie zugedacht hatte; daher der Name „na Slovanech", was soviel wie „bei den Slawen" bedeutet. Im Stadtpanorama fallen zunächst die ungewöhnlichen Türme der Anlage auf, zwei himmelwärts strebende Betonflügel von 1967. Zunächst waren sie nur als provisorischer Ersatz für die 1945 bei einem Luftangriff zerstörten Kirchtürme gedacht, inzwischen sind sie aber zu einem beeindruckenden Sinnbild für die Verbindung von Mittelalter und Moderne geworden. Den Kreuzgang des Klosters schmücken wertvolle gotische Wandmalereien. Die dreischiffige Hallenkirche wird heute als Ausstellungssaal für moderne Kunst genutzt.

Auf der anderen Seite, hoch über der Straße, thront eines der Hauptwerke K. I. Dientzenhofers, die

*Kirche St. Johann von Nepomuk am Felsen *(Kostel sv. Jana Nepomuckého na Skálce,* 1730–1739) ④②. Typisch für den jüngeren Dientzenhofer ist die Betonung des vieleckigen Zentralbaus, in den die ovalen Strukturen von Vorraum und Chor hineinlaufen. Zwei diagonal versetzte Türme flankieren das Portal, von dem eine doppelläufige Freitreppe zur Straße hinunterführt. Im Innern begeistern ein Fresko mit der Himmelfahrt des hl. Nepomuk (K. Kovář, 1748) und eine Nepomukfigur (J. Brokoff, 1682) auf dem Hauptaltar, deren Bronzekopie auf der Karlsbrücke zu sehen ist (s. Weg 2).

Zum Vyšehrad folgt man jetzt entweder der gleichnamigen Straße oder macht noch einen kleinen Abstecher, vorbei am *Botanischen Garten (Botanická zahrada),* der auf eine Gründung Karls IV. zurückgeht, zur Kirche

Maria auf der Säule *(Na slupi)* ④③. Diese gehört zu den wenigen gotischen Gotteshäusern, deren Innenraum von einer Mittelsäule getragen wird. Der Legende nach soll diese Säule in vorchristlicher Zeit dem Kult des Gottes Svatovit gedient haben, dessen Stelle dann die Jungfrau Maria einnahm. Ihre neugotische Gestalt erhielt die Kirche 1858–1863.

Die Vyšehradská unterquert an ihrem Ende eine Eisenbahnlinie und geht dann in die Vratislavova über. Hier beginnt der Aufstieg zur Nationalen Gedenkstätte

Vyšehrad ④④, die stadtgeschichtlich der Antipode der Prager Burg ist. Der Vyšehrad-Felsen, um den sich viele nationale Sagen ranken, erhebt sich direkt über der Moldau und bietet einen herrlichen Blick auf die Stadt und das Moldautal.

Historisch belegt sind erste Bebauungen des Felsens, der sich wegen seiner exponierten Lage – vor hier aus ließ

Seite 87

86 Polyglott

WEG 7

sich der Schiffsverkehr auf der Moldau kontrollieren – zur Befestigung förmlich aufdrängte, in der ersten Hälfte des 10. Jahrhunderts. Von der kulturellen Bedeutung des Vyšehrad zeugt der prächtige Krönungskodex aus dem 11. Jahrhundert, der heute in der Staatsbibliothek aufbewahrt wird.

Im 12. Jahrhundert entfaltete sich mit dem Aufstieg des Přemyslidengeschlechts, das die Festungsanlage auf dem Felsen zu seinem Domizil machte, eine rege Bautätigkeit, zu der die Errichtung einer Kapitelkirche gehörte. Auch als der Herrschersitz Mitte des

- ❸❽ Kirche St. Kyrill und Method
- ❸❾ Kirche St. Ignatius
- ❹⓿ Fausthaus
- ❹❶ Emmauskloster
- ❹❷ Kirche St. Johann von Nepomuk am Felsen
- ❹❸ Kirche Maria auf der Säule
- ❹❹ Vyšehrad

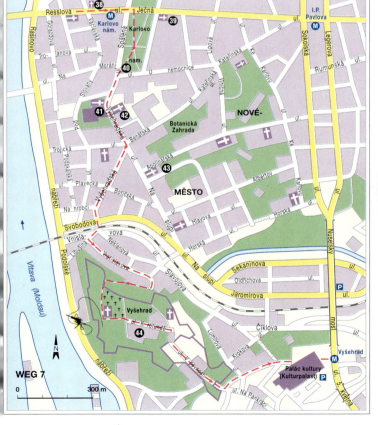

Polyglott **87**

WEG 7

Libuše und der Mädchenkrieg

Am Anfang der böhmischen Geschichte – so berichten es die mittelalterlichen Sagen – steht eine Frau: Libuše.

Kulturhistoriker haben daraus geschlossen, daß die frühe slawische Gesellschaft mutterrechtlich geprägt gewesen sein muß. Dafür spräche etwa die Gattenwahl Libušes, die den pflügenden Přemysl von seinem Acker holen ließ, um ihn zu ihrem Angetrauten zu machen.

Bestärkt wird dieser Eindruck noch durch die Sage vom Mädchenkrieg, einer tschechischen Variante des antiken Amazonenmythos. Demnach wuchsen die Jungfrauen des Landes „ohne Joch" auf; sie kleideten sich wie Jünglinge und vertrieben sich die Zeit mit Sport oder Kriegsübungen. Nach Libušes Tode machten sie Vlasta, eine Hofdame, zu ihrer Anführerin, und errichteten auf einem Felsen in der Nähe von Prag eine Festung, die sie „Děvín" – „Mädchenburg" – nannten. Von dort riefen sie zum Kampf um die Vorherrschaft der Frauen auf.

Die erste Schlacht zwischen Männern und Frauen soll im Bereich der Prager Neustadt ausgetragen worden sein, und zwar in Höhe der Straße Na bojišti

(„Auf dem Schlachtfeld"), also dort, wo heute Schwejks Stammkneipe „U kalicha" zu finden ist. Da die Schlacht nicht zu einer Entscheidung führte, verlegten sich die Frauen auf mehr weibliche Waffen: Sie machten den Jünglingen schöne Augen und lockten sie nacheinander in einen Hinterhalt, wo sie dann hinterrücks ermordet wurden. Den Sieg schon in der Tasche glaubend, verkündete Vlasta eine Verfassung, die endgültig die Frauenherrschaft sichern sollte. Darin war das Verbot für Männer, Waffen zu tragen, noch eine der harmloseren Bestimmungen. Ärger war schon, daß die Männer ausschließlich im Frauensitz reiten und nur noch zur Feldarbeit taugen sollten. Den Gipfel aber bildete das Gebot, allen neugeborenen Knaben den rechten Daumen abzuschneiden und das rechte Auge auszustoßen, um ihnen von vornherein den Umgang mit Schwert und Bogen unmöglich zu machen. Daß die Wahl eines Ehepartners allein den Frauen vorbehalten bleiben sollte, versteht sich natürlich von selbst.

Doch die Frauen hatten zu früh triumphiert: Der Endkampf artete in einer erbarmungslosen Schlacht aus, in deren Verlauf Vlasta getötet und ihr zerstückelter Leichnam den Hunden zum Fraß vorgeworfen wurde. Andere Kämpferinnen

---

12. Jahrhunderts auf die Prager Burg verlegt wurde, behielt der Vyšehrad seine strategische Bedeutung. Karl IV. erneuerte die Befestigungsanlagen und ließ Palast und Kirche umbauen. Für die hussitische Bewegung hatte der Vyšehrad ebenfalls besondere Bedeutung: Hier wurde 1420 das königliche Heer vernichtend geschlagen. Seine heutige Gestalt als barocke Festungsanlage erhielt der Baukomplex im späten 17. Jahrhundert. Die Festung Vyšehrad blieb bis 1911 in Heeresverwaltung, dann wurde sie der Stadt Prag übergeben. Von der nördlichen Seite betritt man das Vyšehrad-Gelände durch das

Ziegeltor (1848), den jüngsten Teil des barocken Festungswalls.

Über eine kleine Treppe gelangt man zum *Ehrenfriedhof*, der Ende des 19. Jahrhunderts zu einer nationalen Gedenkstätte ausgestaltet wurde. Hier liegen bedeutende tschechische Vertreter von Kunst, Literatur und Wissenschaften begraben. Den Mittelpunkt bildet die Ehrengruft „Slavín", ein Gemeinschaftswerk von Antonín Wiehl und Josef Mauder.

Die benachbarte Kirche *St. Peter und Paul* (Kostel sv. Petra a Pavla) steht auf den Fundamenten einer romanischen

88 Polyglott

wurden lebendig begraben und der Děvin dem Erdboden gleichgemacht.

Einer anderen Chronik nach war das ganze nur so etwas wie ein erotischer Geschlechterkrieg, bei dem am Ende die Männer die Oberhand behielten. Zwar habe es durchaus kriegerische Auseinandersetzungen gegeben, doch waren die Waffenpausen immer mit gemeinsamen Gelagen und Spielen angefüllt. Bei der letzten dieser Vergnügungen habe jeder Jüngling eine Jungfrau weggetragen, dann sei die Burg der so erbeuteten bis auf die Grundmauern niedergebrannt worden.

Der Chronist schließt mit den Worten: „Und seit dieser Zeit, nach dem Tode der Fürstin Libuše, sind unsere Frauen in der Gewalt der Männer."

Welcher Version man auch immer zustimmen mag, daß die Prager Frauen sich völlig „in der Gewalt der Männer" befinden, gehört in den Bereich der Fabel. Sie sind nicht weniger selbstbewußt, nicht weniger emanzipiert als ihre Geschlechtsgenossinnen in anderen Weltstädten. Wer die Probe aufs Exempel machen möchte, darf sich nicht wundern, wenn er einen neuen „Mädchenkrieg" heraufbeschwört.

Smetanas Grabstein in Obeliskform auf dem Ehrenfriedhof

Basilika, in deren Krypta die Přemyslidenherrscher bestattet sind.

Unter Karl IV. wurde der ursprünglich dreischiffige Bau zu einer fünfschiffigen Hallenkirche erweitert. Nach weiteren Umbauten in der Renaissance- und in der Barockzeit erhielt die Kirche zwischen 1885 und 1903 ihre heutige neugotische Gestalt mit den beiden Türmen.

Die *Neue Probstei* nördlich des Ehrenfriedhofs entstand 1872, im Park dahinter steht eine Kopie der Wenzelstatue von J. G. Brendel (1678), die bis 1879 auf dem Wenzelsplatz stand. An

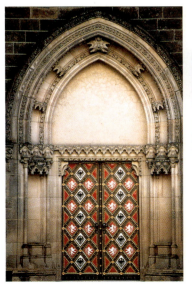

Portal von St. Peter und Paul

der Südseite der Festungsmauer blickt man auf die Ruine eines Wachturms aus dem 15. Jahrhundert, aus dem eine romantische Legende das *Bad der Libuše* gemacht hat. In Wirklichkeit hatte dieses Bauwerk eine ganz andere Funktion: Durch eine Felsspalte konnten von hier Nahrungsmittel hochgezogen werden, die Moldauschiffe angeliefert hatten.

Das älteste erhaltene Gebäude auf dem Vyšehrad, die

St.-Martins-Rotunde aus dem 11. Jh., ist gleichzeitig auch die älteste der drei Rotunden in Prag. Diese Rotundenform ist eine böhmische Eigentümlichkeit, in der romanischen Kulturepoche ist sie nur hier zu finden.

Die Rotunde auf dem Vyšehrad wurde während der Hussitenkriege geplündert und später als Pulvermagazin genutzt. Bei Renovierungsarbeiten im Jahr 1880 wurde der gestampfte Lehmboden aus der Entstehungszeit des Baus freigelegt.

Die kleine Kirche *Maria in den Schanzen* ist eine barocke Wallfahrtskapelle, die ursprünglich ein Statue der Jungfrau von Loreto beherbergte. Die benachbarte Pestsäule wurde 1714 aufgestellt.

Die Straße V pevnosti führt zum *Leopoldstor,* das von Carlo Lurago 1678 als Teil der barocken Festungsmauern erbaut wurde, um den Zugang zum inneren Teil des Vyšehrad zu sichern. Dahinter sieht man die Mauerreste des *Špičkatores* aus der Zeit Karls IV. Durch das frübarocke *Tabortor* verläßt man den Vyšehrad in Richtung Pankrác.

Die Metrostation Vyšehrad ist im unteren Teil der 1973 erbauten *Nusler Brücke* (Nuselský most), die in einer Höhe von 40 Metern das Tal von Nusle überspannt und den Stadtteil Pankrác mit der Neustadt verbindet. Flankiert wird sie von zwei weiteren Glanzstücken moderner tschechischer Architektur, dem *Kulturpalast* (1976–1981) und dem *Hotel Forum* (1988).

Seite 87

Ausflüge

Kaiserburgen und Königsstädte

Prag liegt auch geographisch im Herzen Böhmens: Selbst die entfernteren Touristenziele sind mit dem Auto in drei bis vier Stunden zu erreichen. Die unten beschriebenen Sehenswürdigkeiten liegen allerdings nicht weiter als maximal 60 km im Umkreis der Hauptstadt.

Burg Karlstein (Hrad Karlštejn) und Koněprusy

Die berühmteste böhmische Burg steht auf einem Felsen oberhalb des Berounkatals, inmitten eines Erholungsgebietes, etwa 30 km südwestlich der Landeshauptstadt. Errichtet wurde die ursprünglich gotische Festung Karlstein unter Karl IV., der hier die Reichskleinodien und seinen Reliquienschatz aufbewahrte, und zwar nach Entwürfen von Matthias von Arras. Ihre heutige Gestalt verdankt sie einer umfassenden Restaurierung Ende des 19. Jhs.

Überragt wird das Areal vom 37 m hohen, quaderförmigen *Großen Turm.* Im zweiten Stock beherbergt er mit der *Heiligkreuzkapelle* den kunsthistorisch bedeutendsten Raum der Burg, denn hier lagerten die Krönungsinsignien (heute im **★★** St.-Veits-Dom). Die mit mehr als 2200 Halbedelsteinen ausgekleideten Wände der Kapelle schmücken 127 Gemälde des gotischen Meisters Theoderich.

Im benachbarten *Marienturm* befindet sich die *Kapelle der Jungfrau Maria* mit Wandmalereien aus dem 14. Jahrhundert und einem Porträt des Kaisers. Der *Kaiserpalast,* den man über eine Treppe erreicht, zeigt im ersten Stock eine Dokumentation zur Regierungs-

90 Polyglott

AUSFLÜGE

zeit Karls IV.; im zweiten liegen die kaiserlichen Gemächer.

Die Umgebung der Burg, der unter Naturschutz stehende

Böhmische Karst *(Český kras)* mit seinen Schluchten und Seen, lädt zu ausgedehnten Spaziergängen ein. Einen Abstecher wert sind auch die Tropfsteinhöhlen in **Koněprusy** (7 km südwestlich) mit einer Münzfälscherwerkstatt aus dem 16. Jahrhundert.

Anfahrt: Autobahn E 50 Richtung Plzeň (Pilsen), Ausfahrt Loděnice oder Beroun, oder Staatsstraße Nr. 4, Ausfahrt Zbraslav;
mit dem Zug vom Bahnhof Smíchov.

Schloß Konopiště

Seine heutige Gestalt verdankt das Schloß in der 45 km südlich von Prag gelegenen Stadt *Benešov* (Beneschau) dem in Sarajevo erschossenen österreichischen Thronfolger Fanz Ferdinand. Auf seine Initiative geht auch die weitläufige Parkanlage im englischen Stil mit Kopien italienischer Statuen zurück. Die von Josef Mocker zu einem Palast umgebaute gotische Burg mit Erweiterung aus Renaissance- und Barockzeit beherbergt eine wertvolle Sammlung historischer Waffen und Jagdtrophäen.

Anfahrt: Autobahn E 60, Ausfahrt Mirošovice bis Benešov;
mit dem Zug vom Hauptbahnhof.

Mělník (Melnik)

Die malerische Stadt 30 km nördlich von Prag, am Zusammenfluß von Elbe und Moldau, ist berühmt für ihren vorzüglichen Wein „Ludmilla", der an den Südhängen der Flußtäler gedeiht. Die Stadt verdankt diesen Erwerbszweig Karl IV., der burgundische Weinreben ins Land brachte. Weinstuben und Weinkeller laden zum Verweilen ein, ein *Weinmuseum* informiert über die

Weithin sichtbar: der mächtige Bau von Schloß Mělník

Karlstein – Böhmens berühmteste Burg: im Innern ...

... und von außen

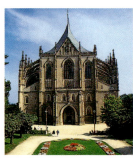

St. Barbara in Kutná hora

Polyglott **91**

lokale Winzergeschichte. Sehenswert sind das gotische *Rathaus,* die *Probstkirche* mit wertvollen Barockbildern (Karel Škréta), der *Marktplatz* mit seinen Laubengängen und die Stadtbefestigung mit dem *Prager Tor.*

Anfahrt: mit dem Auto über die Staatsstraße Nr. 9.

Kutná hora (Kuttenberg)

Im Mittelalter war diese 65 km östlich von Prag gelegene Kreisstadt zeitweise Sitz der böhmischen Könige. Ihre Bedeutung verdankte sie den Silbergruben, die den jeweiligen König zu einem der reichsten Herrscher Europas machten. Davon zeugen das *Münzhaus* aus dem 13. Jahrhundert und das *Knappenmuseum* im Kastell (Hrádek). Das bedeutendste sakrale Bauwerk ist die gotische Kirche *St. Barbara,* die von der Parler-Hütte begonnen und von Matthias Rejsek und Benedikt Ried fertiggestellt wurde, mit ihrem beeindruckenden Netzrippengewölbe, den gotischen Fresken und geschnitzen Eichenbänken.

Anfahrt: mit dem Auto über die E 67 Richtung Poděbrady, dann Abzweigung nach Kolín; mit dem Zug vom Bahnhof Prag-Mitte (Praha Střed).

Talsperre Slapy

Wer sich an einem der staubtrockenen Prager Sommerwochenenden wundert, warum die Stadt wie ausgestorben scheint, sollte einige Kilometer flußaufwärts fahren, um hinter des Rätsels Lösung zu kommen: Ein über 40 Kilometer langer Stausee, ein Eldorado für Wassersportler, bildet das beliebteste Erholungsgebiet der Prager Bevölkerung.

Das in den 50er Jahren errichtete Stauwerk beim Dorf *Slapy* dient der Energieversorgung der Hauptstadt. Eine Reihe von Schiffen bieten Rundfahrten an.

Anfahrt: mit dem Auto über die Staatsstraße Nr. 4 bis Zbraslav, dann über die Landstraße Nr. 102 bis Slapy.

Praktische Hinweise von A–Z

Ärztliche Versorgung

Da ausländische Krankenversicherungen in Prag nicht gelten, müssen alle Behandlungen in bar bezahlt werden (Rechnungen für die Rückerstattung nicht vergessen!). Zur Behandlung sucht man eine Notfallstation in der Nähe seiner Unterkunft auf. Ärzte sprechen häufig Deutsch oder Englisch.

Deutschsprechende Ärzte erreicht man in folgenden Universitätskliniken:

Fakultní nemocnice na Homorce, Röntgenova 2, ☎ 52 60 40.

Fakultní poliklinika, Karlovo nám. 32, ☎ 29 93 81.

Erste Hilfe
Erste Hilfe: ☎ 1 55.
Ambulanz: ☎ 37 33 33.

Banken (ausländische)

Vereinsbank, Italská 24.
Bank Austria, Revoluční 15.
Berliner Bank AG, Národní třída 10.
Citibank, Evropská 178.
Creditanstalt-Bankverein, Široká 5.
Deutsche Bank, Jungmannova 34.
Crédit Suisse First Boston, Staroměstské náměstí 15.
GiroCredit Bank AG der Sparkasse Wien, Václavské náměstí 56.
Raiffeisen Zentralbank, Senovážne náměstí 3.

Diplomatische Vertretungen

Botschaft der Bundesrepublik Deutschland, Vlašská 19 (im Palais Lobkowitz), Praha 1, Malá Strana, ☎ 24 51 03 23.
Botschaft der Republik Österreich,

PRAKTISCHE HINWEISE VON A–Z

Victora Huga 10, Praha 5, Smíchov, ☎ 24 51 16 77.
Botschaft der Schweiz, Pevnostní 7, Praha 6, Stře, ☎ 32 04 06.

Einreise

Touristen aus Deutschland, Österreich und der Schweiz benötigen für die Einreise in die Tschechische Republik kein Visum, Deutsche nur den Personalausweis, Österreicher und Schweizer den Reisepaß, Kinder, die nicht in den Reisedokumenten ihrer Eltern eingetragen sind, einen Kinderausweis.

Eintrittskarten

Für kulturelle Verantstaltungen gibt es im Vorverkauf Karten u. a. bei:
Tiketpro – PIS, Staroměstské nám. 22, ☎ 24 21 28 44.
BTI – Bohemia Ticket International, Na příkopě , ☎ 24 21 50 31, und Karlova 8, ☎ 24 22 76 51 (auch für „Prager Frühling").

Feiertage

1. Januar – Neujahr.
Karfreitag.
Ostermontag.
1. Mai – Tag der Arbeit.
8. Mai – Tag der Befreiung vom Faschismus (Staatsfeiertag). Am 9. Mai 1945 rollten Panzer der Roten Armee in Prag ein.
5. Juli – Tag der Slawenapostel Kyrill und Method (Staatsfeiertag).
6. Juli – Johannes-Hus-Tag (Staatsfeiertag).
28. Oktober – Tag der Staatsgründung (Staatsfeiertag). Am 28. Oktober 1918 wird in Prag die erste Tschechoslowakische Republik ausgerufen.
25. und 26. Dezember – Weihnachten; die Geschäfte sind an diesen Tagen geschlossen (Heiligabend ab Mittag).

Fundbüros

Reisedokumente: Olšanská 2, ☎ 27 85 51-4
Alle anderen Fundsachen: Bolzanova 5, ☎ 24 22 61 33.

Geld

Währungseinheit ist die tschechische Krone (koruna) abgekürzt KČ. Eine Krone sind 100 Heller (hálíř). Es gibt Scheine im Wert von 10, 20, 50, 100, 200, 500 und 1000 Kronen und Münzen im Wert von 1, 2, 5 und 10 Kronen.

Man wechselt am besten in den Banken und Wechselstuben oder an der Hotelrezeption. Beim Rücktausch müssen die Wechselquittungen wieder vorgelegt werden.

Noten und Münzen in Landeswährung dürfen bei Ein– und Ausreise bis zum Betrag von 5000 KČ mitgeführt werden, frei konvertierbare Währungen in beliebiger Höhe.

Der Wechselkurs lag bei Redaktionsschluß bei 18 Kronen für 1 DM. Eurocheques und Kreditkarten werden in Banken, Hotels sowie auch in zahlreichen Restaurants und Geschäften akzeptiert. Es gibt bereits einige Geldautomaten, bei denen man mit Kreditkarten tschechische Kronen abheben kann (z. B. am Wenzelsplatz). Wechselstuben gibt es auf Schritt und Tritt, vor allem in den Geschäftsvierteln.

Hotel- und Zimmervermittlungen

AVE, Wilsonova 2, ☎ 2 36 25 60. Am Hauptbahnhof. Das Unternehmen ist in Deutschland durch zwei Agenturen vertreten: Britta Kuth, Im Tannenforst 2, 51069 Köln, ☎ 02 21/68 0 37 (Nord-, West- und Ostdeutschland); Peter Blum, Hochsachsenstr. 1, 69493 Hirschberg, ☎ 0 62 01/5 30 35 (Süddeutschland).
American Hospility Centre, Malé nám. 14, ☎ 2 36 74 86. Privatunterkünfte.

Information

PIS (Prager Informations-Service), Na příkopě 20, Staroměstské nám. 22, Valdštejnské nám. 3 und im Hauptbahnhof. Hier gibt es auch eine monatliche kulturelle Programmvorschau in Tschechisch, Deutsch und Englisch.
MHF, Pražské jaro, Hellichova 18,

Polyglott **93**

PRAKTISCHE HINWEISE VON A–Z

☎ 0 04 22/53 02 93, erteilt Informationen zum „Prager Frühling".

Medien

Die großen internationalen Zeitungen und Zeitschriften sind bei Straßenhändlern oder an den Kiosken rund um den Wenzelsplatz erhältlich. In Prag erscheinen zwei deutschsprachige Wochenzeitschriften, das „Prager Wochenblatt" und die „Prager Zeitung" mit einem ausführlichen Veranstaltungsteil.

Das tschechische Fernsehen hat zwei staatliche und drei private Programme. In den meisten Hotels empfängt man zudem das internationale Satelliten-TV.

Mietwagen

In Prag sind alle großen internationalen Leihwagenfirmen vertreten. Für Wagen, die ins Ausland gefahren werden, Rückfahrgebühr. Abschluß von Zusatzversicherungen gegen Diebstahl und Unfall ist ratsam.

Netzspannung

220 Volt. In den Hotels braucht man keine Adapter.

Notrufnummern

Erste Hilfe: ☎ 1 55; Polizei: ☎ 1 58, Feuerwehr: ☎ 1 50, Autopannendienst: ☎ 1 54.

Post und Telefon

Die Kennfarbe der Post (Pošta) ist Orange. Rund um die Uhr geöffnet ist die Hauptpost in der Jindříšská 14 (am Wenzelsplatz). Das Prager Telefonnetz befindet sich gegenwärtig in der Umstellung auf den internationalen Standard, das heißt, daß in nächster Zeit alle Telefonnummern geändert werden. Für einige Teile der Innenstadt ist die Umstellung bereits abgeschlossen. Die öffentlichen Telefonautomaten akzeptieren Münzen und Telefonkarten (bei Postämtern und Zeitungskiosken erhältlich). Vorwahl Deutschland 00 49, Österreich 00 43, Schweiz 00 41.

Stadtrundfahrten

REKREA, Pařížská 26, ☎ 24 81 17 44.
SPORTTURIST, Národní třída 33,
☎ 24 22 83 41.
IFB, Václavské nám. 27,
☎ 24 22 72 53.
ČEDOK, Na příkopě 18, ☎ 24 19 71 11, und Pařížská 6, ☎ 2 31 43 02.
Verband der Kutschenbesitzer, Roztoky bei Prag, Olbrachtova 818,
☎ 39 65 56,
Stadtrundfahrten per Kutsche.
Eoexpres, Slezská 11, ☎ 25 84 09, Stadtrundfahrten in einem kleinen Straßen-Zug.
Martin Tour, Štěpánská 61,
☎ 24 21 24 73. Stadtrundfahrten, Rundflüge, Dampferausflüge.
Novum-tour, Václavské nám. 21,
☎ 24 23 50 97. Stadtrundfahrten in einem Oldtimerbus, Ballonflüge.

Trinkgeld

In Hotels und Restaurants sind etwa 10 Prozent des Rechnungsbetrages üblich; aber auch Fremdenführer und Taxifahrer sind für eine entsprechende Anerkennung dankbar.

Zoll

Bei jedem Zollamt an der Grenze bekommt man ein Verzeichnis der Gegenstände, für die ein Exportverbot besteht. Die Kontrollen durch die Grenzbeamten sind zwar locker, wer aber erwischt wird, muß mit der Konfiszierung der Ware und einer zusätzlichen Geldstrafe rechnen.

Gegenstände des persönlichen Bedarfs und Geschenke können bis zum Gesamtwert von 3000 KČ zollfrei ein- und unbegrenzt ausgeführt werden. Zollfrei sind bei der Einfuhr u. a. auch 200 Zigaretten oder 50 Zigarren sowie 1 l Spirituosen oder 2 l Wein. Die Ausfuhr ist unbegrenzt möglich. Beim Kauf von Antiquitäten und seltenen Kunstgegenständen informiert man sich über die Ausfuhrbestimmungen am besten direkt bei den Zollbehörden oder in dem betreffenden Geschäft.

Register

Sachregister

Agneskloster 18, 23
Alter jüdischer Friedhof 73, 76
Altneusynagoge 18, 73
Altstädter Brückenturm 19, 60, 61
Altstädter Rathaus 38, 62
Altstädter Ring 42, 62, 70, 76
Astronomische Uhr 63, 84
Auf dem Graben 71, 80

Bad der Libuše 90
Benešov 91
Bethlehemskapelle 42, 77
Böhmischer Karst 91
Botanischer Garten 86

Café Slavia 30, 39
Carolinum (Karlsuniversität) 15, 19, 70
Casa Santa 44
Clementinum, Kloster 42, 61, 76
Czernin-Palais 45, 84

Denkmal des hl. Wenzel 81
Denkmal Karls IV. 61, 76

Emmauskloster 86
Erzbischöfliches Palais 46

Faust haus 74, 86
Fensterstürze, Prager 84
Franziskanergarten 81

Galluskirche 70
Georgskirche 48
Goldenes Gäßchen 53, 65
Golem 74 f.
Großprioratsplatz 57, 58

Hanau-Pavillon 14, 66
Hauptbahnhof 66, 82
Haus der Eleganz 71
Haus „Sommer und Früh-
ling" 56
Haus „Zu den drei Straußen" 26, 28, 60
Haus „Zu den Malern" 28, 58
Haus „Zu den sieben
Teufeln" 58
Haus „Zum goldenen Brun-
nen" 77
Haus „Zur Minute" 64
Haus „Zur Schwarzen
Muttergottes" 70

Haus „Zur schwarzen Rose" 71
Haus „Zur steinernen
Glocke" 65
Heiligkreuzkirche 71
Heumarkt 82
Hohe Synagoge 73
Hotel Evropa 30, 66, 80
Hotel Jalta 80
Hotel Palace 25, 83
Hradschin 18, 46, 76
Hradschiner Platz 46
Hradschiner Rathaus 46
Hus-Denkmal 64

Josephstadt 72
Jubiläumssynagoge 82
Jüdisches Rathaus 73, 75

Kafkas Geburtshaus 64
Kaiserinsel 59
Kaiserwiese 58
Kampa, Moldauinsel 58, 59
Karlsbrücke 10, 15, 19, 40, 42, 57, 59, 76
Karlsgasse 76
Karlsplatz 83
Karlstein, Burg 90
Karlsuniversität 15, 19, 70
Karmelitergasse 56
Kleiner Ring 64
Kleinseite 40, 59, 76
Kleinseitner Brückentürme 60
Kleinseitner Kaffeehaus 30, 55
Kleinseitner Rathaus 40, 55
Kleinseitner Ring 40, 42, 55, 59
Kloster St. Ursula 38
Kloster Strahov 41, 44
Königlicher Palast 52
Königsweg 42, 70, 76
Koněprusy, Tropfsteinhöhlen 91
Konopiště, Schloß 91
Kreuzherrenkirche 42
Kreuzherrenplatz 61, 76
Kunstgewerbemuseum 75
Kutná hora 92

Laterna Magika 22, 40
Laurenziberg 14, 40, 46, 56
Ledebour-Palais 56
Legionsbrücke 40
Letenská 54, 56
Loreto-Platz 41
Lucerna-Palast 81

Maiselsynagoge 72
Malteserplatz 57
Mánes-Haus 40, 58
Maria auf der Säule,
Kirche 86

Maria im Schnee, Kirche 38, 80, 84
Maria in den Schanzen,
Kirche 90
Mělník 91
Mihulka-Turm 53
Moldau 9, 10, 41, 58, 60, 74, 86
Moldauinseln 58
Museum des nationalen
Schrifttums 44
Museum für Denkwürdigkei-
ten der nationalen Vergan-
genheit 53
Museum für Heeresgeschich-
te 46
Museum für Völkerkunde 78
Můstek 38

Nationalbibliothek 76
Nationalgalerie 46
Nationalmuseum 20, 38, 82
Nationalstraße 38, 80
Nationaltheater 20, 39, 76
Neruda-Gasse 46, 56
Neue Szene 40
Neue Welt 46
Neuer jüdischer Friedhof 65
Neues Parlamentsgebäude 82
Neustädter Rathaus 38, 80, 83
Nostitz-Palais 57

Palais Buquoy 58
Palais Clam-Gallas 77
Palais Kinský 65
Palais Liechtenstein 55
Palais Lobkowitz 53, 56
Palais Martinitz 46
Palais Morzin 56
Palais Schwarzenberg 19, 46
Palais Sylva-Taroucca 50, 71
Palais Thun Hohenstein 56
Palais Toscana 46
Palast Adria 38
Palast des Großpriors 58
Palast Koruna 80
Pariser Straße 64
Paříž, Restaurant 25, 30, 71
Peterka-Haus 66, 81
Pinkassynagoge 72
Prager Burg 18, 19, 40, 43, 46 ff.
Prager Jesulein 42, 57
Predigerhaus 78
Pulverturm 10, 18, 42, 66, 70

Rathaus 55, 73
Repräsentationshaus 70
Ruderinsel 58
Rudolf-Galerie 48
Rudolfinum 24, 76

Polyglott **95**

REGISTER

St.-Ägidius-Kirche 77
St.-Clemens-Kirche 76
St.-Franziskus-Kirche 61, 76
St.-Georgs-Basilika 18, 53
St.-Georgs-Kloster 53
St.-Georgs-Platz 53
St.-Heinrichs-Kirche 82
St. Ignatius, Kirche 85
St. Johann von Nepomuk am Felsen, Kirche 86
St. Kyrill und Method, Kirche 85
St. Loreto, Kirche 41
St. Maria de Victoria, Kirche 42, 57
St. Maria unter der Kette, Kirche 57
St.-Martins-Rotunde 90
St.-Niklas-Kirche (Altstadt) 42, 66
St.-Niklas-Kirche (Kleinseite) 18, 40, 42, 50, 55, 56
St. Peter und Paul, Kirche 88
St.-Salvator-Kirche 42, 61, 76
St. Thomas, Kirche 56
St.-Veits-Dom 15, 18, 19, 40, 46, 48, 49 ff., 90
St.-Veits-Rotunde 18, 48
Schönborn-Palais 65
Schützeninsel 40, 58
Semafor, Theater 22, 81
Skulpturen-Galerie 60
Slapy, Talsperre 92
Slawische Insel 40, 58
Slawisches Haus 71
Smetana-Museum 40, 61
Smetana-Theater 22, 82
Smřický-Palais 55
Sportstadium 44
Staatsoper 22, 82
Ständetheater 22, 70
Sternberg-Palais 46, 55
Štvanice, Insel 59

Teynkirche 43, 66, 67
Teynschule 66
Tomášská 56

U Fleků 30, 84
U Nováků 83
Universität, s. Carolinum

Vrtba-Palais 56
Vyšehrad 18, 40, 82, 85, 86

Waldstein-Garten 54, 56
Waldstein-Palais 41, 54
Wenzelsplatz 38, 65, 66, 78
Wiehl-Haus 81

Zeltnergasse 70
Zollhaus 60

Personenregister

Aleš, Mikoláš 63, 64, 81

Bechteler, Kaspar 51, 52
Bořivoj, Herzog 15, 48
Brahe, Tycho 16, 20, 28
Brod, Max 58, 64
Brokoff, Ferdinand Maximilian 20, 46, 56, 57
Brokoff, Johann 86

Čapek, Karel 21, 30, 75
Caratti, Francesco 45, 52
Čech 39

Dientzenhofer, Christoph 20, 42, 45, 50, 56, 66
Dientzenhofer, Kilian Ignaz 20, 50, 56, 66, 76, 85, 86
Dvořák, Antonín 20

Ferdinand I. 16, 19
Ferdinand II. 84
Fischer von Erlach, Johann Bernhard 20, 50, 52, 77
Forman, Miloš 20
Franz Ferdinand 91
Franz Joseph I. 72

Hašek, Jaroslav 8, 21, 22, 29, 64
Havel, Václav 10, 12, 13, 17, 22, 24, 30, 43, 78
Hrabal, Bohumil 22, 30, 78
Hus, Johannes (Jan) 16, 42, 43, 78, 84

Janáček, Leoš 8, 20, 21
Johannes von Nepomuk, hl. 42, 60, 61
Joseph II. 16, 72

Kafka, Franz 8, 14, 21, 30, 54, 64, 65, 80
Karl IV. 8, 10, 13, 14, 15, 43, 48, 50, 51, 52, 60, 62, 70, 80, 82, 83, 86, 88, 89, 90, 91
Karl VI. 19
Kepler, Johannes 16, 20, 70
Kisch, Egon Erwin 8, 21, 30, 64, 75
Kohout, Pavel 22
Kotěra, Jan 66, 81
Kundera, Milan 22

Libuše 15, 40, 85, 88, 90
Liechtenstein, Karl von 55
Löw, Rabbi 72, 74
Lurago, Anselmo 45, 48, 56
Lurago, Carlo 57, 85, 90

Maisel, Mordechaj Markus 72, 73, 74
Mánes, Josef 40, 63
Maria Theresia 48, 56

Martinitz, Georg von 52
Masarýk, Jan 46, 84
Masaryk, Tomáš G. 16, 43, 44, 84
Mathey, Jean Baptiste 46, 76
Matthias von Arras 19, 49, 50, 90
Menzel, Jiří 20
Mocker, Josef 49, 61, 70, 91
Mozart, Wolfgang Amadeus 8, 56, 70
Mucha, Alfons 29, 50, 67, 70
Myslbek, Josef Václav 40, 52, 82

Němcová, Božena 58
Neruda, Jan 21, 55, 56

Pacassi, Nicolaus 48, 49, 52
Palach, Jan 17, 42, 82
Palacký, František 39
Parler, Peter 19, 49, 50, 51, 52, 60, 61
Platzer, Ignaz Franz 56
Podiebrad, Georg von 16, 51, 77
Polívka, Osvald 39, 67, 70, 83
Přemysl Otakar II. 14, 15, 60

Reiner, Wenzel Lorenz 76, 77, 82
Ried, Benedikt 19, 52, 70, 92
Rilke, Rainer Maria 21, 30, 64
Rudolf II. 10, 13, 14, 16, 19, 48, 51, 53, 70, 72, 74, 86

Seifert, Jaroslav 22, 30
Škréta, Karel 20, 56, 57, 70, 86, 92
Smetana, Friedrich (Bedřich) 20, 24, 28, 30, 39, 54, 58

Trnka, Jiří 20, 59
Tyl, Josef Kajetán 70

Vladislav II. Jagello 48, 51, 52, 53, 70
Vratislav I. 53

Waldstein, Albrecht von 44, 54
Wenzel, hl. 15, 51
Wenzel I. 62
Wenzel II. 58
Wenzel IV. 15, 51, 60, 61
Werfel, Franz 64

Zappa, Frank 24, 32
Želivský, Jan 16, 62, 80, 84
Zítek, Josef 39

96 Polyglott

Langenscheidt Mini–Dolmetscher

Allgemeines

Guten Morgen — Dobré ráno [**do**bräh **ra**hno]

Guten Tag — Dobrý den [**do**brih dän]

Hallo! — Ahoj! [**a**hoj]

Wie geht es Ihnen / Dir? — Jak se máš / máte? [jak Bä mahsch / **mah**te]

Danke, gut. — Děkuji, dobře. [**djä**kuji **do**brsehä]

Ich heiße ... — Jmenuji se ... [**jmä**nuji Bä]

Auf Wiedersehen. — Na shledanou. [na **B**chlädanou]

Morgen — ráno [**ra**hno]

Nachmittag — odpoledne [**od**polädnä]

Abend — večer [**wät**schär]

Nacht — noc [notz]

morgen — zítra [**si**htra]

heute — dnes [dnäs]

gestern — včera [**ftsch**ära]

Sprechen Sie Deutsch / Englisch? — Mluvíte německy / anglicky? [**mlu**wihtä **njä**mätzki / **an**glitzki]

Wie bitte? — Co prosím? [tzo **pro**Bihm]

Ich verstehe nicht. — Nerozumím. [**nä**rosumihm]

Sagen Sie es bitte nochmals. — Řekněte to ještě jednou, prosím. [**rseh**äknjätä to **jä**schtjä **jäd**nou **pro**Bihm]

..., bitte — ..., prosím [**pro**Bihm]

Danke — Děkuji [**djä**kuji]

Keine Ursache. — Není zač. [**nä**nih satsch]

was / wer — co / kdo / který

welcher — [tzo / gdo / **ktä**rih]

wo / wohin — kde / kam [gdä / kam]

wie / wieviel — jak / kolik [jak / **ko**lik]

wann / wie lange — kdy / jak dlouho [gdi / jak **dlou**ho]

Wie heißt das auf tschechisch? — Jak se tomu říka česky? [jak Bä **to**mu **rseh**ihka **tsch**äski]

Wo ist ... ? — Kde je ...? [kdä jä]

Können Sie mir helfen? — Můžete mi pomoci? [**muh**schätä mi **po**motzi]

ja — ano [ano]

nein — ne [nä]

Entschuldigen Sie. — Promiňte. [**pro**mintä]

Das macht nichts. — Není zač. [**nä**nih satsch]

Sightseeing

Gibt es hier eine Touristeninformation? — Je tu někde turistická informace? [jä tu **njä**gdä **tu**riBtitzkah **in**formatzä]

Haben Sie einen Stadtplan / ein Hotelverzeichnis? — Máte plan města / seznam hotelů? [**mah**tä plan **mnjä**Bta / **Bäs**nam **ho**täluh]

Wann ist die Kirche geöffnet / geschlossen? — Kdy je otevřený / zavřený kostel? [gdi jä **ot**äwr**seh**änih / **saw**r**seh**änih **ko**Btäl]

Wann ist das Museum geöffnet / geschlossen? — Kdy je otevřené / zavřené museum? [gdi jä **ot**äwr**seh**änäh / **saw**r**seh**änäh **mu**säum]

Wann ist die Ausstellung geöffnet / geschlossen? — Kdy je otevřená / zavřená výstava? [gdi jä **ot**äwr**seh**änah / **saw**r**seh**änah **wih**Btawa]

Shopping

Wo gibt es ...? — Kde dostanu ...? [gdä **do**Btanu]

Wieviel kostet das? — Kolik to stojí? [**ko**lik to **B**tojih]

Das ist zu teuer. — To je moc drahé. [to jä motz **dr**ahäh]

Das gefällt mir. — To se mi líbí. [to**B**ä mi **li**hbih]

Das gefällt mir nicht. — To se mi nelíbí. [to Bä mi **nä**lihbih]

Gibt es das in einer anderen Farbe / Größe? — Máte to ještě v jiné barvě / velikosti? [**mah**tä to **jä**schtjä **w**jinäh **bar**wjä / **wä**likoBti]

Ich nehme es. — Vezmu si to. [**wäs**mu Bi to]

Wo ist eine Bank? — Kde je tady bank? [gdä jä **ta**di bank]

Geben Sie mir 100 g Käse / zwei Kilo Orangen. — Dejte mi deset deka sýra / jedno kilo pomerančů. [**dej**tä mi **dä**Bät **dä**ka Bihra / **jäd**no **ki**lo **po**märantschuh]

Haben Sie deutsche Zeitungen? — Máte německé noviny? [**mah**tä **njä**mätzkäh **no**wini]

Wo kann ich telefonieren / eine Telefonkarte kaufen? — Kde mohu telefonovat / dostat telefonní kartu? [gdä **mo**hu **tä**läfonowat / **do**Btat **tä**läfonih **kar**tu]

Notfälle

Ich brauche einen Arzt / Zahnarzt. — Potřebuji lékaře / zubaře. [po**trseh**äbuji **läh**karsehä / **su**barsehä]

Rufen Sie bitte einen Kranken- wagen / die Polizei.	Zavolejte prosím ambulanci / policii. [sawolejtä proßihm ambulantzi / politzii]
Wir hatten einen Unfall.	Měli jsme nehodu. [mnjäli ßmä nähodu]
Wo ist das nächste Polizeirevier?	Kde je nejblížší policejní stanice? [gdä jä nejblihschih politzejnih ßtanitzä]
Man hat mir ... gestohlen.	Ukradli mně ... [ukradli mnjä]
Mein Auto ist aufgebrochen worden.	Vykradli mi auto. [wikradli mi auto]

Essen und Trinken

Die Speise- karte, bitte.	Jídelní lístek, prosím. [jihdälnih lihßtäk proßihm]
Brot	chléb [chlähb]
Kaffee	káva [kahwa]
Tee	čaj [tschaj]
mit Milch / mit Zucker	s mlékem / s cukrem [ßmlähkäm / ßtzukräm]
Orangensaft	pomerančová šťáva [pomärantschowah schtjahwa]
Suppe	polévka [polähfka]
Fisch	ryba [riba]
Fleisch / Geflügel	maso / drůbež [maßo / druhbäsch]
Beilagen	přílohy [prsehilohi]
vegetarische Gerichte	vegetariánská strava [wägätariahnskah ßtrahwa]
Eier	vejce [wejtzä]
Salat	salát [ßalaht]
Dessert	dezert [däsärt]
Obst	ovoce [owotzä]
Eis	zmrzlina [smrslina]
Wein	víno [wihno]
weiß / rot / rosé	bílé / červené / růžové [biläh / tschärwänäh / ruhschowäh]
Bier	pivo [piwo]
Aperitif	aperitiv [apäritif]
Wasser	voda [woda]
Mineralwasser	minerální voda [mineralnih woda]
Limonade	limonáda [limonahda]
Frühstück	snídaně [ßnihdanjä]
Mittagessen	oběd [objäd]
Abendessen	večeře [wätschärsehä]
eine Kleinigkeit	maličkost [malitschkoßt]
Wir möchten bezahlen.	Chtěli bychom platit. [chtjäli bichom platit]
Es war sehr gut / nicht so gut.	Bylo to výborné / ne tak dobře. [bilo to wihbornäh / nä tak dobrsehä]

Im Hotel

Ich suche ein gutes / nicht zu teures Hotel.	Hledám dobrý / laciný hotel. [hlädam dobrih / latzinih hotäl]
Ich habe ein Zimmer reserviert.	Mám u vás reservaci. [mahm u was räßärwatzi]
Haben Sie ein Doppelzimmer / Einzelzimmer frei?	Máte volný dvoulůžkový / jednolůžkový pokoj? [mahtä wolnih dwouluhschkowih / jädnoluschkowih pokoj]
Mit Dusche und Toilette.	Se sprchou a WC. [ßä ßprchou a wätzä]
Mit Balkon.	S balkónem. [sbalkohnäm]
Wieviel kostet das Zimmer pro Nacht?	Kolik stojí pokoj na den? [kolik ßtojih pokoj na dän]
Mit Frühstück?	Se snídaní? [ßä ßnihdanih]
Kann ich das Zimmer sehen?	Mohu se podívat na pokoj? [mohu ßä podihwat na pokoj]
Haben Sie ein anderes Zimmer?	Máte ještě jiný pokoj? [mahtä jäschtjä jinih pokoj]
Das Zimmer gefällt mir.	Pokoj se mi líbí. [pokoj ßä mi lihbih]
Das Zimmer gefällt mir nicht.	Pokoj se mi nelíbí. [pokoj ßä mi nälihbih]
Kann ich mit Kreditkarte bezahlen?	Mohu zaplatit kreditní kartou? [mohu zaplatit kräditnih kartou]
Wo kann ich parken?	Kde mohu parkovat? [gdä mohu parkowat]
Können Sie das Gepäck in mein Zimmer bringen?	Můžete mi donést svoje zavazadla na pokoj? [muhschätä mi donähßt ßwojä sawasadla na pokoj]
Haben Sie einen Platz für ein Zelt?	Máte místo na stan? [mahtä mihßto na ßtan]
Haben Sie Platz für ein Auto mit Wohnwagen?	Máte místo na auto s obytným přívěsem? [mahtä mihßto na auto ßobitnihm prsehihwjäßäm]
Haben Sie Platz für ein Wohn- mobil?	Máte místo na obytný vůz? [mahtä mihßto na obitnih wuhs]
Wir brauchen Strom / Was- ser.	Potřebujeme proud / vodu. [potrsehäbujämä proud / wodu]